CONTEÚDO DIGITAL PARA ALUNOS
Cadastre-se e transforme seus estudos em uma experiência única de aprendizado:

1 Entre na página de cadastro:
https://sistemas.editoradobrasil.com.br/cadastro

2 Além dos seus dados pessoais e dos dados de sua escola, adicione ao cadastro o código do aluno, que garantirá a exclusividade do seu ingresso à plataforma.

1011979A4796965

3 Depois, acesse:
https://leb.editoradobrasil.com.br/
e navegue pelos conteúdos digitais de sua coleção :D

Lembre-se de que esse código, pessoal e intransferível, é valido por um ano. Guarde-o com cuidado, pois é a única maneira de você acessar os conteúdos da plataforma.

CB037217

BRINCANDO COM OS NÚMEROS

ORGANIZADORA: EDITORA DO BRASIL

ENSINO FUNDAMENTAL

1ª EDIÇÃO
SÃO PAULO, 2020

Dados Internacionais de Catalogação na Publicação (CIP)
(Câmara Brasileira do Livro, SP, Brasil)

Brincando com os números, 1 : ensino fundamental /
organização Editora do Brasil. -- 5. ed. --
São Paulo : Editora do Brasil, 2020. --
(Brincando com)

ISBN 978-85-10-08278-5 (aluno)
ISBN 978-85-10-08279-2 (professor)

1. Matemática (Ensino fundamental) I. Série.

20-37167 CDD-372.7

Índices para catálogo sistemático:
1. Matemática : Ensino fundamental   372.7

Maria Alice Ferreira - Bibliotecária - CRB-8/7964

© Editora do Brasil S.A., 2020
Todos os direitos reservados

Direção-geral: Vicente Tortamano Avanso

Direção editorial: Felipe Ramos Poletti
Gerência editorial: Erika Caldin
Supervisão de arte: Andrea Melo
Supervisão de editoração: Abdonildo José de Lima Santos
Supervisão de revisão: Dora Helena Feres
Supervisão de iconografia: Léo Burgos
Supervisão de digital: Ethel Shuña Queiroz
Supervisão de controle de processos editoriais: Roseli Said
Supervisão de direitos autorais: Marilisa Bertolone Mendes

Supervisão editorial: Rodrigo Pessota
Edição: Maria Amélia de Almeida Azzellini e Katia Simões de Queiroz
Assistência editorial: Juliana Bomjardim, Viviane Ribeiro e Wagner Razvickas
Especialista em copidesque e revisão: Elaine Silva
Copidesque: Gisélia Costa, Ricardo Liberal e Sylmara Belletti
Revisão: Amanda Cabral, Andréia Andrade, Fernanda Almeida, Fernanda Sanchez, Flávia Gonçalves, Gabriel Ornelas, Jonathan Busato, Mariana Paixão, Martin Gonçalves e Rosani Andreani
Pesquisa iconográfica: Daniel Andrade
Assistência de arte: Daniel Campos Souza
Design gráfico: Cris Viana
Capa: Megalo Design
Edição de arte: Patrícia Ishihara
Imagem de capa: Elvis Calhau
Ilustrações: Anderson Cássio, André Martins, Brambilla, Carlos Jorge, Carol Juste, Cláudia Marianno, DAE, Danillo Souza, Desenhorama, Edde Wagner, Eduardo Belmiro, Flip Estúdio, Henrique Jorge, Jótah, Junior Nogueira, Kanton, Kau Bispo, Lilian Gonzaga, Marco Cortez, Rodrigo Alves, Romonti Willy, Ronaldo César e Saulo Nunes Marques
Produção cartográfica: DAE (Departamento de Arte e Editoração)
Editoração eletrônica: Adriana Tami Takayama, Elbert Stein, Viviane Ayumi Yonamine e Wlamir Miasiro
Licenciamento de textos: Cinthya Utiyama, Jennifer Xavier, Paula Harue Tozaki e Renata Garbellini
Controle de processos editoriais: Bruna Alves, Carlos Nunes, Rita Poliane, Terezinha de Fátima Oliveira e Valéria Alves

5ª Edição / 4ª Impressão, 2023
Impresso na Gráfica Elyon

Rua Conselheiro Nébias, 887
São Paulo, SP – CEP: 01203-001
Fone: +55 11 3226-0211
www.editoradobrasil.com.br

APRESENTAÇÃO

QUERIDO ALUNO,

PENSANDO EM SEU APRENDIZADO E NAS MUITAS CONQUISTAS QUE VIRÃO NO FUTURO, ESCREVEMOS ESTE LIVRO ESPECIALMENTE PARA VOCÊ!

ELE SERÁ UM GRANDE APOIO NA BUSCA DO CONHECIMENTO. UTILIZE-O PARA APRENDER CADA VEZ MAIS NA COMPANHIA DE PROFESSORES, COLEGAS E DE OUTRAS PESSOAS DE SUA CONVIVÊNCIA.

A MATEMÁTICA OFERECE MUITO PARA VOCÊ. COM ELA, VOCÊ EXPLORA O MUNDO, PERCEBE O ESPAÇO A SUA VOLTA, CONHECE FORMAS E CORES, E AINDA RESOLVE PROBLEMAS. UMA INFINIDADE DE CONHECIMENTOS ESTÁ POR VIR E QUEREMOS GUIÁ-LO PASSO A PASSO NESSA JORNADA!

COM CARINHO,
EDITORA DO BRASIL

SUMÁRIO

VAMOS BRINCAR 5

UNIDADE 1 – AGRUPAMENTOS 13
PEQUENO CIDADÃO – ECONOMIA E EDUCAÇÃO FINANCEIRA 17
PESQUISANDO 18

UNIDADE 2 – NÚMEROS 19
OS NÚMEROS NO DIA A DIA 20
PESQUISANDO 21
NÚMEROS DE 0 A 9 23
BRINCANDO 23
PESQUISANDO 29
COMPARAÇÃO E ORDENAÇÃO DE NÚMEROS 30
MAIOR QUE OU MENOR QUE 33
ORDEM CRESCENTE E ORDEM DECRESCENTE 36

UNIDADE 3 – NOÇÕES DE GEOMETRIA 39
LINHAS RETAS E LINHAS CURVAS 39
PESQUISANDO 42
LINHAS ABERTAS E LINHAS FECHADAS ... 43
BRINCANDO 48

UNIDADE 4 – NUMERAÇÃO DECIMAL 49
DEZENA 50
BRINCANDO 54
NÚMEROS DE 11 A 19 55
DÚZIA E MEIA DÚZIA 57
BRINCANDO 59
MAIS DEZENAS 64

UNIDADE 5 – ORDINAIS, PARES E ÍMPARES 69
NÚMEROS ORDINAIS 69
NÚMEROS PARES E NÚMEROS ÍMPARES 74
BRINCANDO 78

UNIDADE 6 – GEOMETRIA 79
SÓLIDOS GEOMÉTRICOS 79
PESQUISANDO 83
BRINCANDO 85
FIGURAS GEOMÉTRICAS PLANAS 86
LOCALIZANDO OBJETOS E PESSOAS ... 90

UNIDADE 7 – ADIÇÃO E SUBTRAÇÃO 95
ADIÇÃO 95
PESQUISANDO 104
BRINCANDO 105
SUBTRAÇÃO 106
EFETUANDO ADIÇÕES E SUBTRAÇÕES ... 113
BRINCANDO 114

UNIDADE 8 – DINHEIRO 115
PESQUISANDO 122
BRINCANDO 123
PEQUENO CIDADÃO – ECONOMIA E SUSTENTABILIDADE 124

UNIDADE 9 – MEDIDAS 125
COMPRIMENTO 125
MASSA 128
PESQUISANDO 130
CAPACIDADE 131
PEQUENO CIDADÃO – XUÁ... XUÊ 134
TEMPO 135
O RELÓGIO 136
O CALENDÁRIO 138
PESQUISANDO 141
BRINCANDO 142

UNIDADE 10 – PROBABILIDADE E ESTATÍSTICA 143
BRINCANDO 147
PEQUENO CIDADÃO – SUSTENTABILIDADE 151

BRINQUE MAIS 152
ENCARTES 165

VAMOS BRINCAR

1️⃣ OBSERVE OS ESTOJOS DOS ALUNOS DA PROFESSORA JÚLIA.

  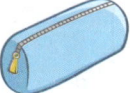

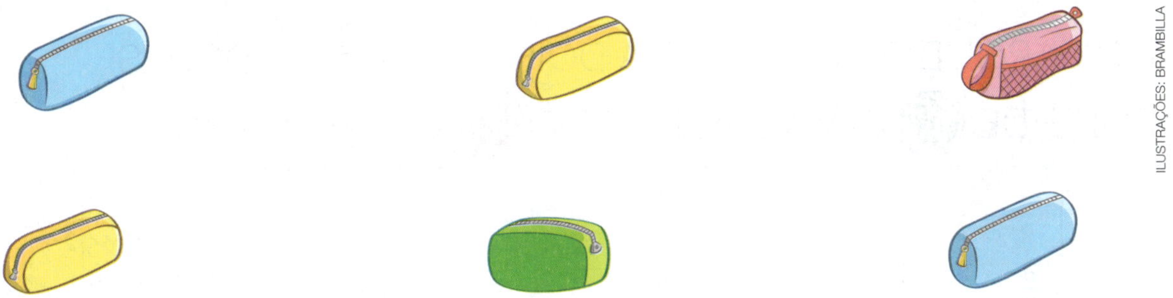

LIGUE OS ESTOJOS IGUAIS E MARQUE UM **X** NOS DIFERENTES.

2️⃣ NO ESTOJO DE RAFINHA HAVIA DOIS LÁPIS. PINTE O LÁPIS GRANDE E CIRCULE O PEQUENO.

3 OBA! É HORA DO RECREIO.

A) PINTE DE 🟡 A PORTA MENOR.

B) FAÇA UM **X** NA PORTA MAIOR.

C) CIRCULE AS JANELAS DE MESMO TAMANHO.

4 NO PARQUE DA ESCOLA HÁ DOIS ESCORREGADORES. PINTE DE 🟢 O MAIS ALTO E DE 🟠 O MAIS BAIXO.

5 OS ALUNOS ENCONTRARAM UM NINHO DE PASSARINHOS NUMA ÁRVORE DA ESCOLA. CIRCULE O PASSARINHO MAIS LEVE E FAÇA UM **X** NO MAIS PESADO.

6 OBSERVE O CAMINHO PARA IR DO PÁTIO ATÉ A QUADRA E DO PÁTIO ATÉ O JARDIM.

FAÇA UM FIO 🔵 NO CAMINHO MAIS CURTO E UM FIO 🟠 NO CAMINHO MAIS COMPRIDO.

7 É HORA DE PULAR CORDA!
COLE BARBANTE NA CORDA MAIS GROSSA E PINTE DE 🟠 A CORDA MAIS FINA.

8 RENATA E REGINA USAM TIARAS NO CABELO. PINTE DE 🟣 A TIARA MAIS LARGA E DE 🟢 A TIARA MAIS ESTREITA.

9 DUDU VAI LANCHAR. MARQUE UM **X** NOS LANCHES QUE ESTÃO DENTRO DA LANCHEIRA E CIRCULE OS QUE ESTÃO FORA.

10 PINTE OS OBJETOS QUE ESTÃO EM CIMA DOS MÓVEIS E CIRCULE OS QUE ESTÃO EMBAIXO DELES.

11 OBSERVE A IMAGEM DA CASA:

AGORA, RESPONDA ORALMENTE:

A) O QUE ESTÁ ACIMA DA CASA?

B) ONDE ESTÁ O CACHORRO?

C) O SOL ESTÁ ABAIXO OU ACIMA DAS NUVENS?

12 PINTE AS FLORES QUE ESTÃO VIRADAS PARA A DIREITA E FAÇA UM **X** NAS QUE ESTÃO VIRADAS PARA A ESQUERDA.

13 É HORA DO JOGO DE FUTEBOL. CIRCULE A CRIANÇA QUE ESTÁ MAIS PERTO DA BOLA E MARQUE UM **X** NA QUE ESTÁ MAIS LONGE DELA.

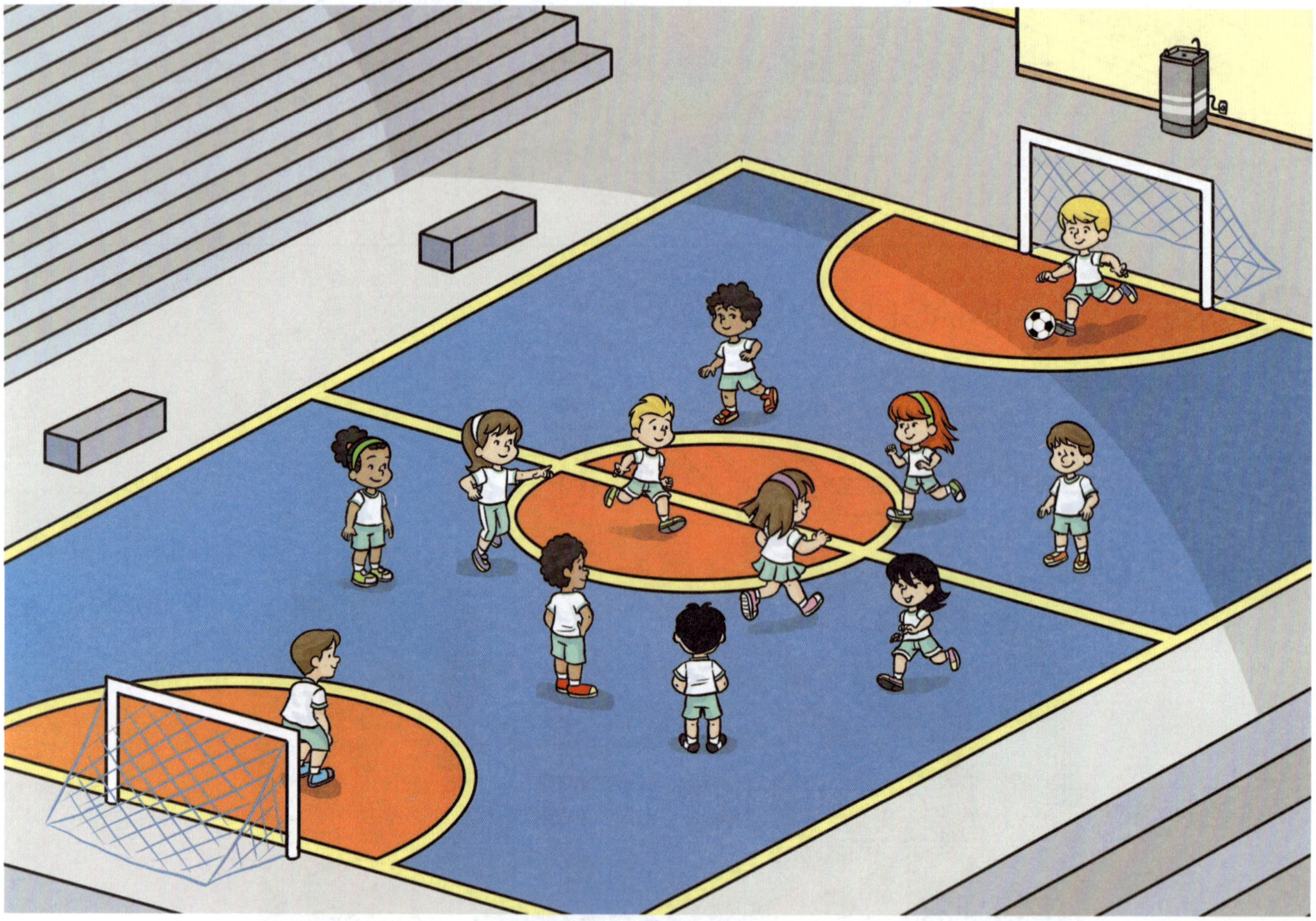

FLIP ESTÚDIO

14 PEDRO E KARINA ACABARAM DE SAIR DA AULA DE EDUCAÇÃO FÍSICA E ESTÃO COM MUITA SEDE. LIGUE CADA ALUNO AO COPO CHEIO DE ÁGUA E CIRCULE O COPO VAZIO.

FLIP ESTÚDIO

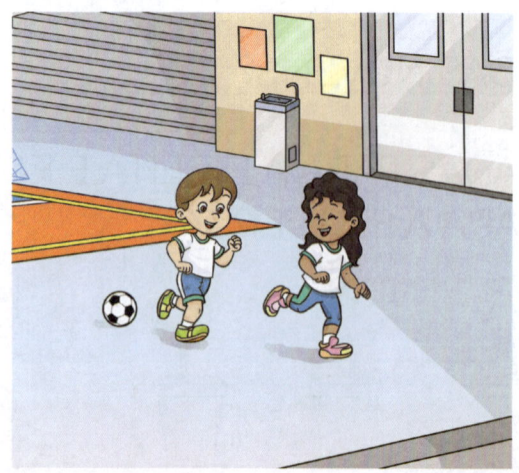

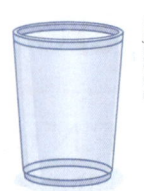

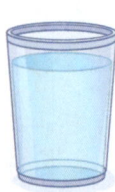

15 NA HORA DA SAÍDA, OS ALUNOS SE DIVERTEM NO PARQUE.

AGORA VOCÊ É O DESENHISTA. COMPLETE O DESENHO DE ACORDO COM AS ORIENTAÇÕES.

A) DESENHE O SOL ENTRE AS NUVENS.

B) DESENHE UMA MENINA ATRÁS DO ESCORREGADOR.

C) DESENHE UM CARRINHO EM FRENTE AO MENINO QUE ESTÁ BRINCANDO SENTADO.

D) DESENHE UM BALÃO NA MÃO DIREITA DA MENINA QUE ESTÁ EM CIMA NA GANGORRA.

E) DESENHE UM CACHORRO ATRÁS DA MENINA QUE ESTÁ EMBAIXO NA GANGORRA.

F) PINTE TODO O DESENHO.

16 OBSERVE AS CENAS A SEGUIR E PINTE AQUELAS QUE VOCÊ CONSIDERA UMA ATITUDE CORRETA.

CONVERSE COM OS COLEGAS SOBRE ATITUDES SUSTENTÁVEIS.

UNIDADE 1
AGRUPAMENTOS

AGRUPAR PARA ORGANIZAR

VAMOS AGRUPAR TUDO DIREITINHO,
FLORES DE UM LADO E FRUTAS NO CANTINHO.
TEM UMA CESTA PARA CADA GRUPO.
– EU ARRUMO AS FLORES!
– E EU ORGANIZO AS FRUTAS.
QUE BONITINHO VAI FICAR!
COM TUDO AGRUPADO
PODEMOS COMER E ENFEITAR.

TEXTO ESCRITO ESPECIALMENTE PARA ESTA OBRA.

DEPOIS DE LER O TEXTO, VAMOS AGRUPAR AS FLORES EM UMA CESTA E AS FRUTAS EM OUTRA. PINTE DE 🟠 AS FRUTAS E DE 🟡, AS FLORES.

EM SEGUIDA, PINTE CADA CESTA DA COR DO AGRUPAMENTO QUE SERÁ GUARDADO NELA.

AGRUPAR É REUNIR ELEMENTOS QUE TENHAM A MESMA CARACTERÍSTICA.

ATIVIDADES

1 JOÃO CARLOS COLECIONA CARRINHOS DE CORRIDA. OBSERVE OS BRINQUEDOS E PINTE OS QUE FAZEM PARTE DA COLEÇÃO DE JOÃO CARLOS.

OS CARRINHOS DE JOÃO CARLOS FORMAM UMA **COLEÇÃO** OU **GRUPO**, POR ISSO, DIZEMOS QUE SÃO UM **CONJUNTO**.

2 CONVERSE COM SEUS AMIGOS E FAMILIARES E PERGUNTE A ELES SE COLECIONAM ALGUM OBJETO. FAÇA DESENHOS NO ESPAÇO A SEGUIR PARA REPRESENTAR ESSAS COLEÇÕES.

3 OBSERVE O AGRUPAMENTO ABAIXO.

FAÇA UM **X** NO QUADRINHO DOS ELEMENTOS QUE PERTENCEM A ESSE AGRUPAMENTO.

4 OBSERVE O CONJUNTO DE INSTRUMENTOS MUSICAIS E CIRCULE OS ELEMENTOS QUE **NÃO** FAZEM PARTE DESSE CONJUNTO.

5 OBSERVE O CONJUNTO DOS MATERIAIS ESCOLARES.

IMSTOCK/SHUTTERSTOCK.COM

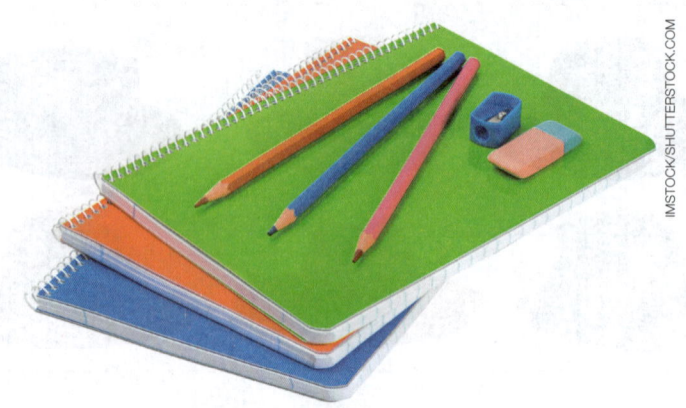

NOS QUADROS A SEGUIR, DESENHE UM OBJETO QUE:

A) PODERIA FAZER PARTE DESSE CONJUNTO;

B) NÃO PODERIA FAZER PARTE DESSE CONJUNTO.

6 O QUADRO VERDE REPRESENTA O CONJUNTO DOS NÚMEROS E O QUADRO AMARELO REPRESENTA O CONJUNTO DAS LETRAS.

ESCREVA CINCO ELEMENTOS EM CADA CONJUNTO.

NÚMEROS	LETRAS

PEQUENO CIDADÃO

ECONOMIA E EDUCAÇÃO FINANCEIRA

NA LOJA DA DONA BETH
TEM MUITAS COISAS PARA VENDER.
TEM BUFARINHA E BUGIGANGA
E PARECE QUE TUDO EU QUERO TER.
MAS MINHA MÃE SEMPRE PERGUNTA:
– DE TUDO ISSO, O QUE VOCÊ VAI USAR?
E QUANDO PARO PARA PENSAR
VEJO QUE NADA PRECISO COMPRAR.

TEXTO ESCRITO ESPECIALMENTE PARA ESTA OBRA.

1 DESENHE NO QUADRO AZUL SUA LISTA DE NECESSIDADES E NO QUADRO VERMELHO, SUA LISTA DE DESEJOS.

PESQUISANDO

1 PESQUISE EM JORNAIS OU REVISTAS IMAGENS DE PRODUTOS NECESSÁRIOS EM NOSSO DIA A DIA E DE PRODUTOS QUE SÃO LEGAIS, MAS NÃO SÃO NECESSÁRIOS. COLE ESSAS IMAGENS NOS QUADROS ABAIXO PARA FORMAR DOIS AGRUPAMENTOS: UM DE PRODUTOS NECESSÁRIOS E OUTRO DE PRODUTOS NÃO NECESSÁRIOS.

UNIDADE 2

NÚMEROS

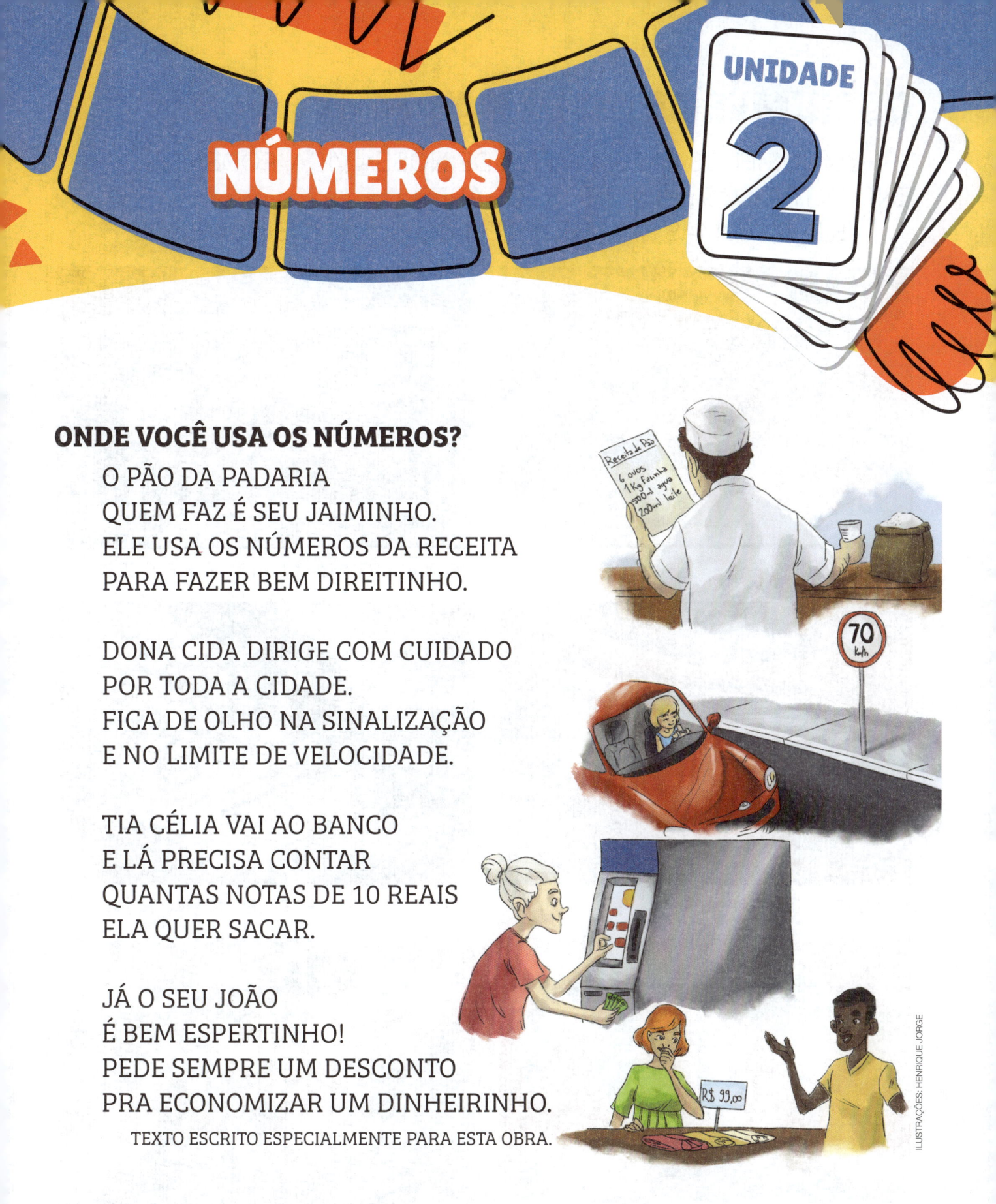

ONDE VOCÊ USA OS NÚMEROS?

O PÃO DA PADARIA
QUEM FAZ É SEU JAIMINHO.
ELE USA OS NÚMEROS DA RECEITA
PARA FAZER BEM DIREITINHO.

DONA CIDA DIRIGE COM CUIDADO
POR TODA A CIDADE.
FICA DE OLHO NA SINALIZAÇÃO
E NO LIMITE DE VELOCIDADE.

TIA CÉLIA VAI AO BANCO
E LÁ PRECISA CONTAR
QUANTAS NOTAS DE 10 REAIS
ELA QUER SACAR.

JÁ O SEU JOÃO
É BEM ESPERTINHO!
PEDE SEMPRE UM DESCONTO
PRA ECONOMIZAR UM DINHEIRINHO.

TEXTO ESCRITO ESPECIALMENTE PARA ESTA OBRA.

ILUSTRAÇÕES: HENRIQUE JORGE

VIU SÓ COMO USAMOS OS NÚMEROS PARA TUDO?

OS NÚMEROS NO DIA A DIA

OS NÚMEROS FAZEM PARTE DE NOSSA VIDA. PODEMOS ENCONTRÁ-LOS EM MUITOS LUGARES.
VEJA ALGUMAS SITUAÇÕES EM QUE USAMOS NÚMEROS.

EM BRINCADEIRAS.

NO PLACAR DE UMA PARTIDA DE FUTEBOL.

NA PLACA DOS CARROS.

NOS NÚMEROS DE TELEFONE.

NAS DATAS DE ANIVERSÁRIO.

NO PREÇO DAS MERCADORIAS.

PESQUISANDO

1 COMO VOCÊ VIU, OS NÚMEROS FAZEM PARTE DE NOSSA VIDA. CONVERSE SOBRE ISSO COM SEUS FAMILIARES E COLEGAS E PEÇA QUE INDIQUEM EM QUAIS SITUAÇÕES DO DIA A DIA ELES UTILIZAM NÚMEROS. DEPOIS, FAÇA DESENHOS NO QUADRO ABAIXO PARA REPRESENTAR AS RESPOSTAS COLETADAS.

2 PROCURE EM JORNAIS E REVISTAS NÚMEROS QUE INDICAM PREÇOS, DATAS E QUANTIDADES. EM SEGUIDA, RECORTE ESSES NÚMEROS E COLE-OS NO ESPAÇO A SEGUIR. POR ÚLTIMO, ESCREVA AO LADO DE CADA UM DELES:

- O NÚMERO **1**, SE ELE INDICAR **PREÇO**;
- O NÚMERO **2**, SE ELE INDICAR **DATA**;
- O NÚMERO **3**, SE ELE INDICAR **QUANTIDADE**.

NÚMEROS DE 0 A 9

 **BRINCANDO**

1 LEIA O TEXTO A SEGUIR.

É ASSIM QUE TUDO COMEÇA:
FOI SÓ CRIAR OS NÚMEROS PARA ROLAR A FESTA.
O ZERO FOI O PRIMEIRO A CHEGAR E CORREU A SE SENTAR.
O NÚMERO 1 VEIO SOZINHO, COITADINHO!
FALTA O NÚMERO 2. AH! ELE VEM DEPOIS.
E O 3, O 4 E O 5? VÃO TRAZER UM AMIGO.
É O NÚMERO 6, MAIS UMA VEZ.
OLHEM SÓ O 7! PENTEOU O CABELO DE TOPETE.
ONDE ESTÁ O 8? FOI COMER BISCOITO.
DO 9 NINGUÉM SABE NADA! DEVE TER IDO À FESTA ERRADA...

TEXTO ESCRITO ESPECIALMENTE PARA ESTA OBRA.

2 VOCÊ SABIA QUE É POSSÍVEL CRIAR DESENHOS COM OS NÚMEROS? VEJA A SEGUIR O NÚMERO 3, QUE SE TRANSFORMOU EM UM PINTINHO. AGORA É SUA VEZ DE CRIAR DESENHOS UTILIZANDO NÚMEROS.

CARLOS JORGE

ATIVIDADES

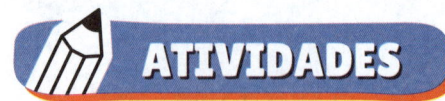

1 QUANTOS PEIXES HÁ EM CADA AQUÁRIO? OBSERVE A ESCRITA DOS NÚMEROS E COMPLETE-A.

ILUSTRAÇÕES: EDUARDO BELMIRO

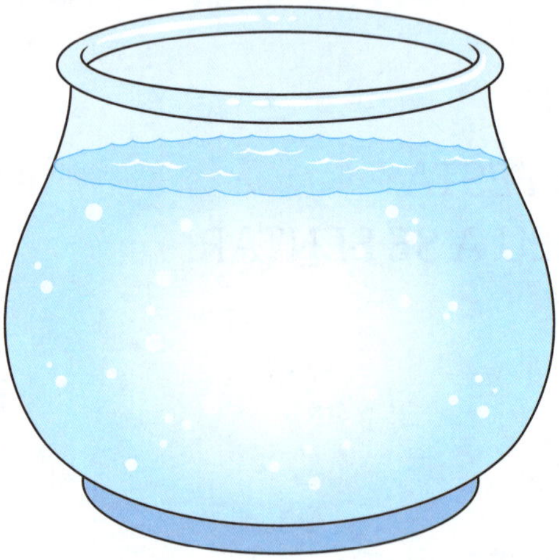

0 - 0 - 0 - 0 - 0 - 0 - 0

zero - zero - -

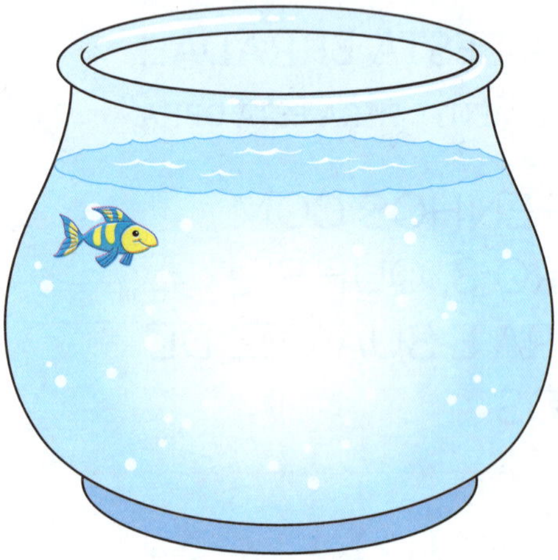

1 - 1 - 1 - 1 - 1 - 1 - 1

um - um -

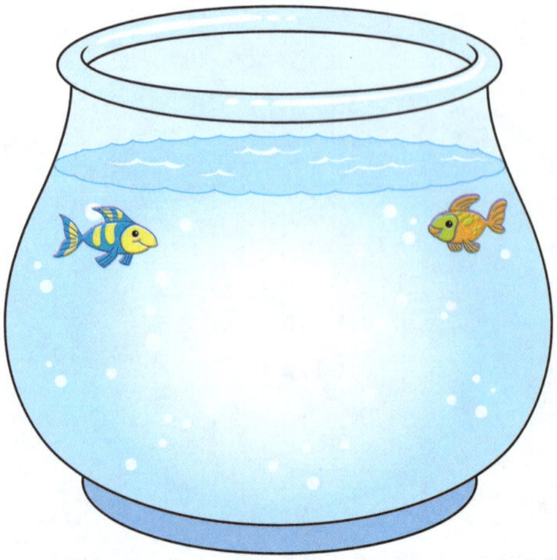

2 - 2 - 2 - 2 - 2 - 2 - 2

dois - dois -

3 - 3 - 3 - 3 - 3 - 3 - 3

três - três -

4 - 4 - 4 - 4 - 4 - 4 - 4

quatro - quatro -

5 - 5 - 5 - 5 - 5 - 5 - 5

cinco - cinco -

6 - 6 - 6 - 6 - 6 - 6 - 6

seis - seis -

ILUSTRAÇÕES: EDUARDO BELMIRO

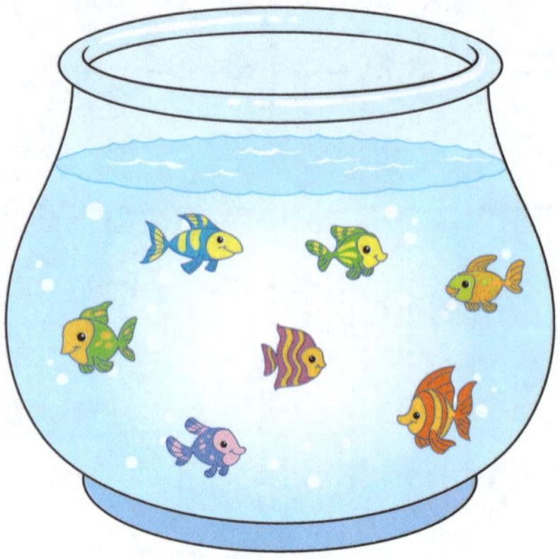

7 - 7 - 7 - 7 - 7 - 7 - 7

sete - sete -

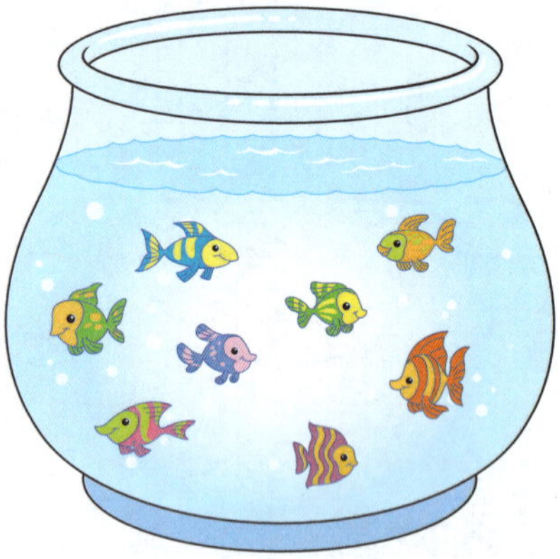

8 - 8 - 8 - 8 - 8 - 8 - 8

oito - oito - -

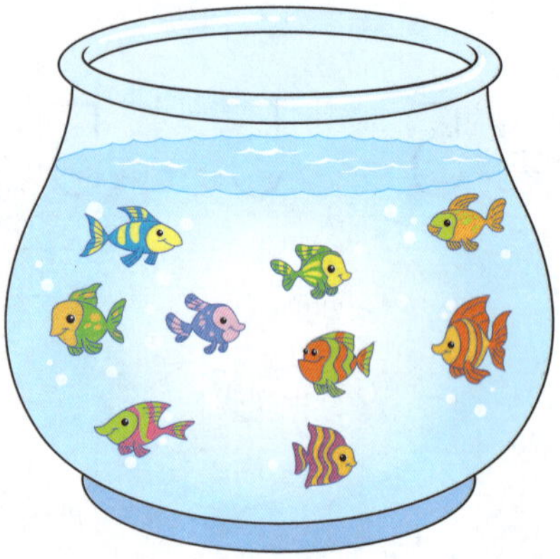

9 - 9 - 9 - 9 - 9 - 9 - 9

nove - nove -

2 COMPLETE A CANTIGA COM OS NÚMEROS QUE VOCÊ APRENDEU.

☐, ☐ FEIJÃO COM ARROZ

☐, ☐ FEIJÃO NO PRATO

☐, ☐ FALAR INGLÊS

☐, ☐ COMER BISCOITO

☐ E 10 COMER PASTÉIS

3 OBSERVE A CENA A SEGUIR, CONTE OS ELEMENTOS QUE APARECEM NELA E ANOTE NOS QUADRINHOS A QUANTIDADE DE CADA UM.

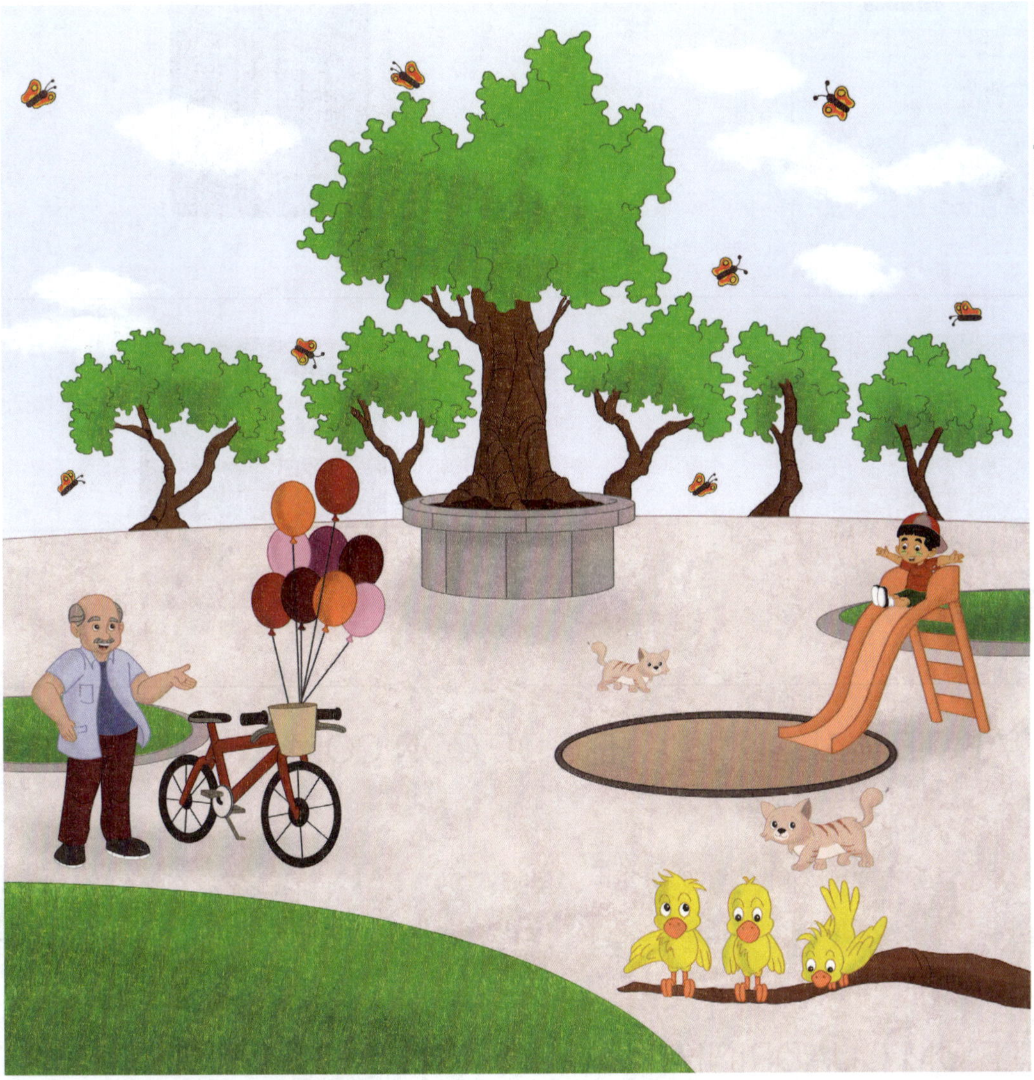

 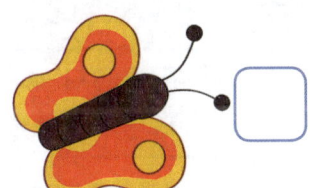  

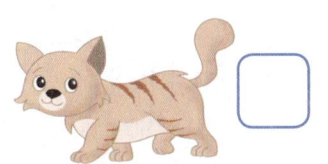   

4) ESCREVA O NOME DO NÚMERO QUE APARECE NO VISOR DAS IMAGENS.

A) _____

C) _____

B) _____

D) _____

5) RENAN TEM ALGUNS LÁPIS DE COR COM CORES REPETIDAS, VEJA:

PINTE UM QUADRINHO PARA CADA LÁPIS DE RENAN USANDO AS CORES CORRESPONDENTES.

AGORA, ESCREVA A QUANTIDADE DE LÁPIS DE CADA COR QUE RENAN TEM:

AZUL: ☐   AMARELO: ☐   VERDE: ☐   VERMELHO: ☐

RENAN TEM MAIS DE 7 LÁPIS? _____

PESQUISANDO

1 FAÇA UMA PESQUISA COM OS COLEGAS PARA SABER O MEIO DE TRANSPORTE QUE ELES UTILIZAM PARA VIR À ESCOLA OU SE VÊM A PÉ.

MARQUE UM **X** NA TABELA PARA CADA RESPOSTA. NÃO SE ESQUEÇA DE MARCAR O MEIO DE TRANSPORTE QUE VOCÊ UTILIZA OU SE NÃO USA NENHUM.

🚗	CARRO												
🏍	MOTO												
🚌	ÔNIBUS												
🚲	BICICLETA												
🚶	OUTRO MEIO DE TRANSPORTE OU A PÉ												

SOBRE A PESQUISA, RESPONDA:

A) QUAL MEIO DE TRANSPORTE OBTEVE MAIS MARCAÇÕES?
_____

B) QUAL MEIO DE TRANSPORTE TEVE MENOS MARCAÇÕES?
_____

C) OUTROS FORAM INDICADOS? QUAIS?
_____

D) HOUVE ALGUM EMPATE? _____

COMPARAÇÃO E ORDENAÇÃO DE NÚMEROS

IGUAL OU DIFERENTE

OS ALUNOS DO 1º ANO ESTÃO PARTICIPANDO DE UMA CAMPANHA DE RECICLAGEM DE GARRAFAS PLÁSTICAS. OBSERVE A QUANTIDADE DE GARRAFAS PLÁSTICAS QUE ALGUMAS CRIANÇAS ARRECADARAM.

LUANA E IVAN ARRECADARAM A MESMA QUANTIDADE DE GARRAFAS.

4 É **IGUAL A** 4

USAMOS O SINAL = PARA INDICAR QUE UMA QUANTIDADE É **IGUAL A** OUTRA.

DIZEMOS: 4 É **IGUAL A** 4 E INDICAMOS 4 = 4. ISSO SIGNIFICA QUE LUANA E IVAN ARRECADARAM A MESMA QUANTIDADE DE GARRAFAS.

DUDU ARRECADOU UMA QUANTIDADE DE GARRAFAS DIFERENTE DA QUANTIDADE QUE MARCELA ARRECADOU.

 5 É **DIFERENTE DE** 3

USAMOS O SINAL ≠ PARA INDICAR QUE UMA QUANTIDADE É **DIFERENTE DE** OUTRA.

DIZEMOS: 5 É **DIFERENTE DE** 3 E INDICAMOS 5 ≠ 3.

DUDU ARRECADOU MAIS GARRAFAS DO QUE IVAN, POIS 5 GARRAFAS É MAIS DO QUE 4 GARRAFAS.

MARCELA ARRECADOU MENOS GARRAFAS DO QUE LUANA, POIS 3 GARRAFAS É MENOS DO QUE 4 GARRAFAS.

1 DESENHE A QUANTIDADE INDICADA DE ARGOLAS E COMPLETE OS QUADRINHOS COM OS SINAIS = OU ≠.

A) 8 ☐ 4   B) 5 ☐ 5

2 COMPLETE O QUADRO COM A QUANTIDADE DE FRUTAS E OS SINAIS = OU ≠.

	QUANTIDADE	= OU ≠	QUANTIDADE	
6 peras				6 peras
9 maçãs				8 maçãs
2 mangas				5 mangas
1 melancia				1 melancia
9 morangos				8 morangos

MAIOR QUE OU MENOR QUE

NO FINAL DA AULA, A PROFESSORA FEZ UMA PESQUISA PARA SABER QUANTAS GARRAFAS FORAM ARRECADADAS NAQUELE DIA PARA A CAMPANHA DE RECICLAGEM.

AS BARRINHAS COLORIDAS REPRESENTAM A QUANTIDADE DE GARRAFAS ARRECADADAS. OBSERVE:

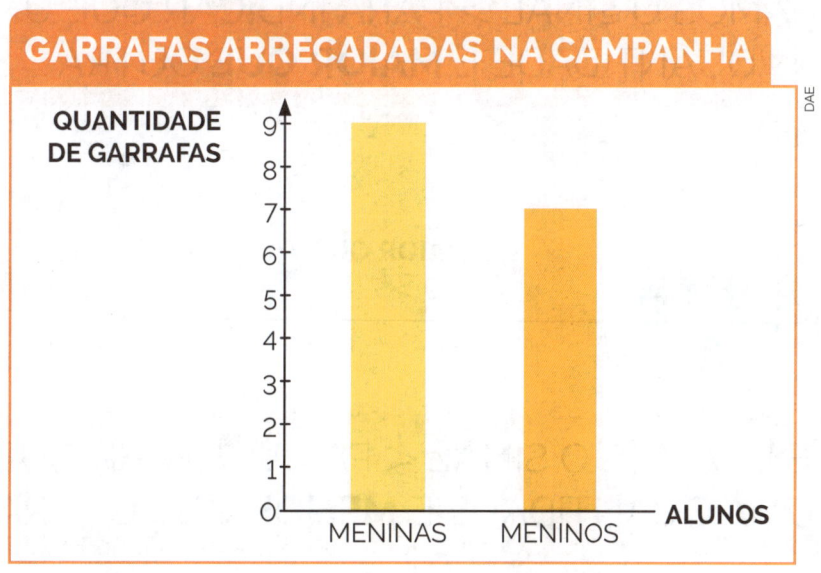

FONTE: DADOS COLETADOS PELA PROFESSORA.

COMPARE A QUANTIDADE DE GARRAFAS ARRECADADAS PELAS MENINAS COM A QUANTIDADE DE GARRAFAS ARRECADADAS PELOS MENINOS.

VEJA:

 9 É **MAIOR QUE** 7
9 > 7

USAMOS O SINAL > PARA INDICAR QUE UMA QUANTIDADE É **MAIOR QUE** OUTRA.

 9 É **MAIOR QUE** 7
9 > 7

E USAMOS O SINAL < PARA INDICAR QUE UMA QUANTIDADE É **MENOR QUE** OUTRA.

 7 É **MENOR QUE** 9
7 < 9

ATIVIDADES

1 COMPARE OS NÚMEROS E COMPLETE OS QUADRINHOS COM OS SINAIS > OU <.

A) 5 ☐ 6

B) 9 ☐ 4

C) 7 ☐ 3

D) 2 ☐ 8

E) 9 ☐ 5

F) 4 ☐ 7

2 COMPARE AS QUANTIDADES DE PEÇAS EM CADA ITEM E ASSINALE COM UM **X** O CASTELO QUE TEM A MENOR QUANTIDADE.

A) ☐   ☐

B) ☐   ☐

3 OBSERVE AS POSIÇÕES DAS PEÇAS DOS JOGADORES DO JOGO DE TRILHA E COMPLETE AS FRASES COM OS NÚMEROS DAS CASAS E O SINAIS > OU <.

DUDA ESTÁ NA FRENTE DE LUCAS, JÁ QUE _____.

JUCA ESTÁ NA FRENTE DE LUCAS, JÁ QUE _____.

DUDA ESTÁ NA FRENTE DE JUCA, POIS _____.

ORDEM CRESCENTE E ORDEM DECRESCENTE

MÁRIO TRABALHA NUMA LOJA DE MATERIAIS DE CONSTRUÇÃO E PRECISOU ORGANIZAR LATAS DE TINTA EM PILHAS APOIADAS NO CHÃO.

ESCREVA NOS ☐ QUANTAS LATAS ELE COLOCOU EM CADA PILHA.

☐ ☐ ☐ ☐ ☐ ☐ ☐ ☐ ☐

NA PRIMEIRA PILHA, MÁRIO COLOCOU 1 LATA DE TINTA; NA SEGUINTE, 2, E ASSIM POR DIANTE, DA QUANTIDADE MENOR PARA A QUANTIDADE MAIOR.

> AS LATAS DE TINTA FICARAM ORGANIZADAS EM **ORDEM CRESCENTE** DE QUANTIDADE.

PARA A LIMPEZA DO CHÃO DA LOJA, AS PILHAS DE LATAS FORAM DESFEITAS E NOVAMENTE ORGANIZADAS EM PILHAS POR LETÍCIA, OUTRA FUNCIONÁRIA.

ESCREVA NOS ☐ QUANTAS LATAS ELA COLOCOU EM CADA PILHA.

☐ ☐ ☐ ☐ ☐ ☐ ☐ ☐ ☐

NA PRIMEIRA PILHA, LETÍCIA COLOCOU 9 LATAS DE TINTA; NA SEGUINTE, 8, E ASSIM POR DIANTE, DA QUANTIDADE MAIOR PARA A QUANTIDADE MENOR.

> AGORA, AS LATAS DE TINTA FICARAM ORGANIZADAS EM **ORDEM DECRESCENTE** DE QUANTIDADE.

ATIVIDADES

1 ESCREVA EM ORDEM CRESCENTE OS NÚMEROS DAS FICHAS COLORIDAS.

_____

2 O FOGUETE VAI DECOLAR. OBSERVE A CONTAGEM E ASSINALE A RESPOSTA.

9   8   7   6   5   4   3   2   1   0

A CONTAGEM PARA A DECOLAGEM DO FOGUETE ESTÁ EM ORDEM:

☐ CRESCENTE.   ☐ DECRESCENTE.

3 PINTE DE 🟢 OS PINOS DE BOLICHE QUE ESTÃO NA ORDEM CRESCENTE E DE 🟡 OS PINOS QUE ESTÃO NA ORDEM DECRESCENTE.

9 8 7 6 5 4 3 2 1

1 2 3 4 5 6 7 8 9

UNIDADE 3
NOÇÕES DE GEOMETRIA

LINHAS RETAS E LINHAS CURVAS

A CURVA

OLHA A CURVA!
ELA MEXE SEM PARAR.
QUE BONITA!
SE PARECE COM O MAR.

ELA FAZ ZIGUE-ZAGUE,
VAI PRA LÁ E VAI PRA CÁ.
COMO MEXE ESSA CURVA!
ELA NÃO PARA DE DANÇAR.

TEXTO ESCRITO ESPECIALMENTE PARA ESTA OBRA.

FAÇA DESENHOS BEM BONITOS AO REDOR DO TEXTO PARA ILUSTRÁ-LO.

ATIVIDADES

1 OBSERVE AS LINHAS A SEGUIR E CUBRA O TRACEJADO DAS LINHAS CURVAS DE 🟠 E DAS LINHAS RETAS DE 🔵.

2 COLOQUE A MÃO NO ESPAÇO A SEGUIR E CONTORNE-A COM UM LÁPIS.

O CONTORNO DA SUA MÃO SE PARECE COM LINHAS:

☐ RETAS.   ☐ CURVAS.

3 OBSERVE A IMAGEM A SEGUIR.

VETOR ABSTRATO BEGE, COM FORMAS GEOMÉTRICAS E CURVAS, NO ESTILO DE ARTE EXPRESSIONISTA ELABORADO POR ROMILDA BOZZETTI.

ESSA OBRA É COMPOSTA DE ELEMENTOS QUE LEMBRAM LINHAS CURVAS E RETAS.

FAÇA UM **X** EM 2 ELEMENTOS QUE LEMBRAM LINHAS CURVAS E CONTORNE 2 ELEMENTOS QUE LEMBRAM LINHAS RETAS.

4 AGORA VOCÊ É O ARTISTA! FAÇA UMA OBRA DE ARTE USANDO LINHAS CURVAS E RETAS.

PESQUISANDO

1 PROCURE EM REVISTAS IMAGENS QUE TENHAM LINHAS RETAS E LINHAS CURVAS. DEPOIS, RECORTE-AS E COLE-AS NOS ESPAÇOS A SEGUIR.

A) LINHAS RETAS

B) LINHAS CURVAS

LINHAS ABERTAS E LINHAS FECHADAS

VAMOS LER O TEXTO.

[...]
AS CRIANÇAS SENTADAS NO CHÃO
OLHAVAM PARA O CÉU AZUL,
COBERTO DE FLOCOS DE NUVENS.
– EU ESCOLHO AQUELA,
QUE PARECE UM ALGODÃO-DOCE.
– HUM...! QUE DELÍCIA!
– AGORA É MINHA VEZ,
VOU PEGAR AQUELE TREM FANTASMA...
CHEC-CHEC... CHUC-CHUC... PIUÍ...
– POIS EU NÃO SOU BOBO NÃO,
VOU ESCOLHER AQUELE AVIÃO!
VUUMM... VUUMM...
– E EU VOU DE MARIA-FUMAÇA.
CAFÉ COM PÃO, MANTEIGA NÃO...
CAFÉ COM PÃO, MANTEIGA NÃO... PIUÍ...!
[...]

NYE RIBEIRO. *BRINCANDO NAS NUVENS*. SÃO PAULO: EDITORA DO BRASIL, 2010. P. 16-18.

AGORA OBSERVE AS **LINHAS ABERTAS** E AS **LINHAS FECHADAS** NO DESENHO E CONTORNE-AS COM O DEDO.

ATIVIDADES

1 CUBRA OS TRACEJADOS PARA FORMAR LINHAS. DEPOIS, MARQUE NOS QUADRINHOS OS TIPOS DE LINHA QUE VOCÊ FORMOU.

A)

☐ ABERTA ☐ FECHADA

B)

☐ ABERTA ☐ FECHADA

C)

☐ ABERTA ☐ FECHADA

2 FAÇA O DESENHO DE:

A) UMA LINHA ABERTA;

B) UMA LINHA FECHADA.

3 CARLOS ESTÁ INDO JOGAR FUTEBOL. MAS ONDE ESTÁ A BOLA DELE? DESENHE UMA BOLA PARA CARLOS E ASSINALE A ALTERNATIVA CORRETA.

A BOLA QUE VOCÊ DESENHOU É UMA LINHA:

☐ ABERTA ☐ FECHADA

4 OBSERVE A OBRA DO PINTOR KANDINSKY A SEGUIR E CONTORNE DOIS ELEMENTOS QUE LEMBREM LINHAS ABERTAS.

WASSILY KANDINSKY. *AMARELO-VERMELHO-AZUL*, 1925. ÓLEO SOBRE TELA, 1,28 M X 2,01 M.

5 EM NOSSO ALFABETO, ENCONTRAMOS LETRAS QUE PODEM REPRESENTAR LINHAS ABERTAS E OUTRAS QUE PODEM REPRESENTAR LINHAS FECHADAS. RECORTE AS LETRAS DA **PÁGINA 165** E COLE-AS NOS ESPAÇOS CORRESPONDENTES.

A) LINHAS FECHADAS

B) LINHAS ABERTAS

6 VAMOS PINTAR OS INSTRUMENTOS MUSICAIS A SEGUIR. PINTE DE 🟢 AS LINHAS RETAS E DE 🟠 AS LINHAS CURVAS.

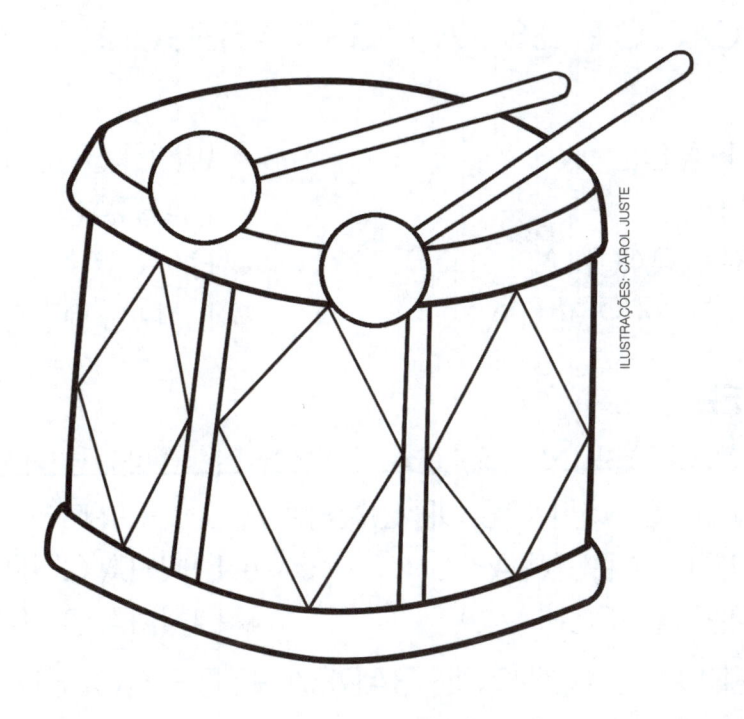

ILUSTRAÇÕES: CAROL JUSTE

BRINCANDO

1 VAMOS CRIAR UMA OBRA DE ARTE UTILIZANDO O CONTEÚDO ENSINADO NESTA UNIDADE? JUNTE-SE A UM COLEGA E LEIAM COM ATENÇÃO O PASSO A PASSO A SEGUIR.

MATERIAL:
- UMA FOLHA DE CARTOLINA;
- LÁPIS E BORRACHA;
- TESOURA SEM PONTA;
- UM TUBO DE COLA BASTÃO;
- BARBANTE COLORIDO;
- LÁPIS DE COR.

COMO FAZER

1. EM UMA CARTOLINA, FAÇAM, COM LÁPIS, UM DESENHO UTILIZANDO OS TIPOS DE LINHA A SEGUIR:
   - LINHA RETA ABERTA;
   - LINHA RETA FECHADA;
   - LINHA CURVA ABERTA;
   - LINHA CURVA FECHADA.
2. RECORTEM PEDAÇOS DE BARBANTE E COLEM SOBRE AS LINHAS QUE VOCÊS DESENHARAM.
3. UTILIZEM LÁPIS DE COR PARA PREENCHER OS ESPAÇOS QUE FICARAM EM BRANCO.
4. EXPONHAM PARA A TURMA O TRABALHO QUE FIZERAM.

EDDE WAGNER

UNIDADE 4

NUMERAÇÃO DECIMAL

HÁ MILHARES DE ANOS, ANTES DE EXISTIREM OS ALGARISMOS, AS PESSOAS CONTAVAM DE DIFERENTES MANEIRAS. VEJA:

OUTRO MODO DE CONTAR ERA UTILIZANDO OS DEDOS DAS MÃOS.

ATUALMENTE, USAMOS O **SISTEMA DE NUMERAÇÃO DECIMAL**, EM QUE OS AGRUPAMENTOS SÃO FEITOS DE 10 EM 10. UTILIZAMOS APENAS DEZ SÍMBOLOS – CHAMADOS **ALGARISMOS** – PARA REPRESENTAR QUALQUER NÚMERO:

0 1 2 3 4 5 6 7 8 9

DEZENA

O REI MANDOU DIZER

O REI MANDOU DIZER
QUE QUEM QUISER
QUE CONTE CINCO:
UM, DOIS, TRÊS,
QUATRO, CINCO.

O REI MANDOU DIZER
QUE QUEM QUISER
QUE CONTE DEZ:
SEIS, SETE, OITO,
NOVE, DEZ.

DOMÍNIO PÚBLICO.

OBSERVE AS VELINHAS DO BOLO E VEJA QUANTOS ANOS O REI FEZ.

DEZ UNIDADES FORMAM UMA **DEZENA**.
10 UNIDADES = 1 DEZENA

ATIVIDADES

1 MARQUE COM UM **X** O QUADRO EM QUE HÁ UMA DEZENA DE GATINHOS.

☐   ☐

2 JULIA TEM UMA COLEÇÃO DE FIGURINHAS ILUSTRADAS. DESENHE FIGURINHAS ATÉ COMPLETAR 1 DEZENA.

A) QUANTAS FIGURINHAS HAVIA INICIALMENTE?

_____

B) QUANTAS FIGURINHAS VOCÊ DESENHOU?

_____

C) QUANTAS FIGURINHAS FICARAM NO FINAL?

_____

3 EM UM DIA DE PESCARIA, MARINA PESCOU 1 DEZENA DE PEIXES. PINTE OS PEIXES QUE MARINA PESCOU.

4 CONTORNE O GRUPO QUE APRESENTA UMA DEZENA DE BRINQUEDOS.

ELIANE ENCHEU 10 BALÕES, MAS 5 BALÕES ESCAPARAM DE SUA MÃO.

ELIANE FICOU COM **5 BALÕES**; 5 BALÕES FORMAM **MEIA DEZENA** DE BALÕES.

5 UNIDADES = MEIA DEZENA

5 LIGUE OS CESTOS DE FRUTAS ÀS QUANTIDADES CORRESPONDENTES.

A)

B)

C)

MEIA DEZENA
UMA DEZENA
UMA UNIDADE

6 PINTE A ÁRVORE EM QUE HÁ **UMA DEZENA** DE MAÇÃS, CIRCULE AQUELA EM QUE HÁ **MEIA DEZENA** DE MAÇÃS E MARQUE COM UM **X** A ÁRVORE EM QUE HÁ MAIS DO QUE UMA DEZENA DE MAÇÃS.

BRINCANDO

1 LEIA O TEXTO A SEGUIR.

VOCÊ CONSEGUE ADIVINHAR?
VOU DE 10 EM 10
E NÃO TENHO ONDE PARAR.
QUEM SOU EU?

VOCÊ CONSEGUE ADIVINHAR?
EU COMEÇO PELO 1
E ESPERO O ZERO CHEGAR.
QUEM SOU EU?
VOCÊ CONSEGUE ADIVINHAR?

AS UNIDADES ME ADORAM,
MAS ELAS TÊM DE SE JUNTAR.
QUEM SOU EU?
VOCÊ CONSEGUE ADIVINHAR?

DE 1 EM 1 VOCÊ VAI ME ENCONTRAR.
QUANDO CHEGAR AO 9,
1 É SÓ ACRESCENTAR.

É HORA DE SURPRESA,
CHEGA DE DILEMA.
VOCÊ ADIVINHOU?
EU SOU A DEZENA.

TEXTO ESCRITO ESPECIALMENTE PARA ESTA OBRA.

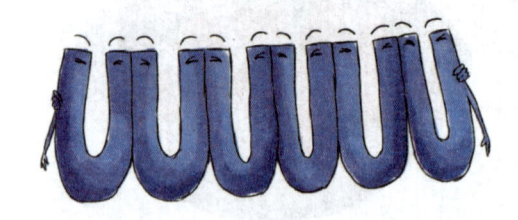

- AGORA RESPONDA ORALMENTE:
- ANTES DE TERMINAR A LEITURA, VOCÊ DESCOBRIU DE QUE FALA O TEXTO? PERGUNTE AOS COLEGAS SE ELES DESCOBRIRAM.

NÚMEROS DE 11 A 19

JÁ VIMOS QUE 10 UNIDADES FORMAM 1 DEZENA. AGORA OBSERVE DANIELA, QUE TRABALHA EM UMA LOJA DE BRINQUEDOS. ELA ORGANIZA AS PRATELEIRAS SEMPRE EM GRUPOS DE 10. VEJA QUANTOS BRINQUEDOS HÁ NA LOJA.

ILUSTRAÇÕES: DESENHORAMA

1 DEZENA E 1 UNIDADE
11 (ONZE)

1 DEZENA E 2 UNIDADES
12 (DOZE)

1 DEZENA E 3 UNIDADES
13 (TREZE)

1 DEZENA E 4 UNIDADES
14 (CATORZE)

1 DEZENA E 5 UNIDADES
15 (QUINZE)

1 DEZENA E 6 UNIDADES
16 (DEZESSEIS)

1 DEZENA E 7 UNIDADES
17 (DEZESSETE)

1 DEZENA E 8 UNIDADES
18 (DEZOITO)

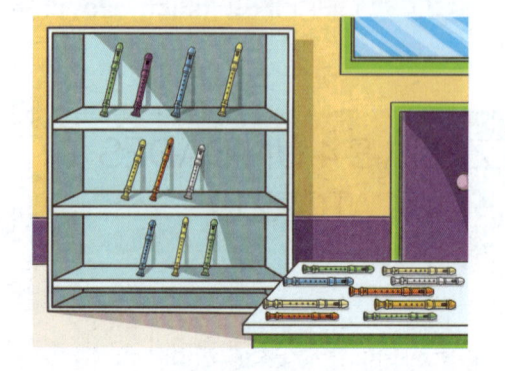

1 DEZENA E 9 UNIDADES
19 (DEZENOVE)

DÚZIA E MEIA DÚZIA

ROSQUINHA DE LEITE CONDENSADO

INGREDIENTES:
- MEIA DÚZIA DE OVOS;
- 1 LATA DE LEITE CONDENSADO;
- 1 COLHER DE SOPA DE MARGARINA;
- 1 COLHER DE SOPA DE FERMENTO EM PÓ;
- FARINHA DE TRIGO ATÉ DAR O PONTO.

MODO DE PREPARO
1. EM UMA VASILHA MÉDIA, COLOQUE OS OVOS E A MARGARINA E MEXA BEM.
2. ACRESCENTE O LEITE CONDENSADO E O FERMENTO EM PÓ.
3. MEXA ATÉ QUE OS INGREDIENTES SE MISTUREM BEM.
4. COLOQUE FARINHA AOS POUCOS, ATÉ FICAR NO PONTO DE ENROLAR, E ASSE.

RENDIMENTO:
- UMA DÚZIA.

VAMOS FAZER?

UM GRUPO DE 12 UNIDADES FORMA UMA **DÚZIA**, E UM GRUPO DE 6 UNIDADES FORMA **MEIA DÚZIA**.

ATIVIDADES

1 OBSERVE AS ROSQUINHAS ASSADAS POR ALICE E COMPLETE A FRASE.

ALICE ASSOU _____ DÚZIA DE ROSQUINHAS.

2 O FILHOTE DE GORILA COME MEIA DÚZIA DE BANANAS. O GORILA ADULTO COME UMA DÚZIA. LIGUE CADA ANIMAL À QUANTIDADE DE BANANA QUE ELE COME. **DICA:** CIRCULE AS BANANAS ANTES DE FAZER AS LIGAÇÕES, FORMANDO AGRUPAMENTOS.

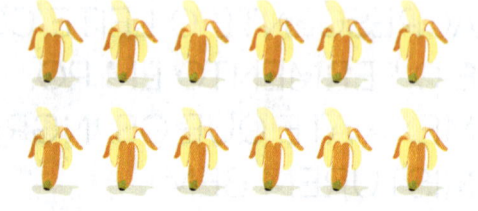

3 COMPLETE O DESENHO PARA QUE A LAGARTA FIQUE COM DUAS DÚZIAS DE PINTAS.

LAGARTA PINTADA,
LAGARTA PINTADA.
QUEM FOI QUE TE PINTOU?
FOI UMA MENINA
QUE AQUI PASSOU.
[...]

CANTIGA.

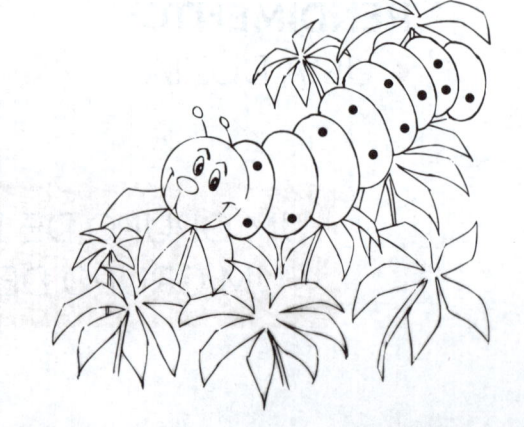

BRINCANDO

1 VAMOS BRINCAR DE "JOGO DA MEMÓRIA".

1. COM UM COLEGA, ELABORE, PINTE E RECORTE CARTAS PARA JOGAR. VEJA O MODELO A SEGUIR.

UMA DÚZIA	12	MEIA DÚZIA
UMA DEZENA	10	6
MEIA DEZENA	5	DUAS DÚZIAS
TRÊS DEZENAS	30	24
UMA DEZENA E MEIA	15	DUAS DEZENAS E MEIA
UMA DÚZIA E MEIA	18	25

2. DEPOIS DE EMBARALHAREM BEM AS CARTAS, DEFINAM QUEM SERÁ O PRIMEIRO A JOGAR.
3. O OBJETIVO DO JOGO É ENCONTRAR OS PARES DE CARTAS QUE INDICAM A MESMA QUANTIDADE. POR EXEMPLO: FORMAM PAR A CARTA EM QUE ESTÁ ESCRITO **12** E A EM QUE ESTÁ ESCRITO **UMA DÚZIA**.
4. VENCE O JOGO QUEM CONSEGUE FORMAR O MAIOR NÚMERO DE PARES COM AS CARTAS CORRETAS.

> **SAIBA MAIS**

O **MATERIAL DOURADO** FACILITA A REPRESENTAÇÃO DE QUANTIDADES.

CADA 🧊 DO MATERIAL DOURADO REPRESENTA UMA UNIDADE.

🧊 ⟶ 1 UNIDADE

JUNTANDO DEZ CUBINHOS, FORMAMOS UMA BARRA. CADA BARRA REPRESENTA UMA DEZENA.

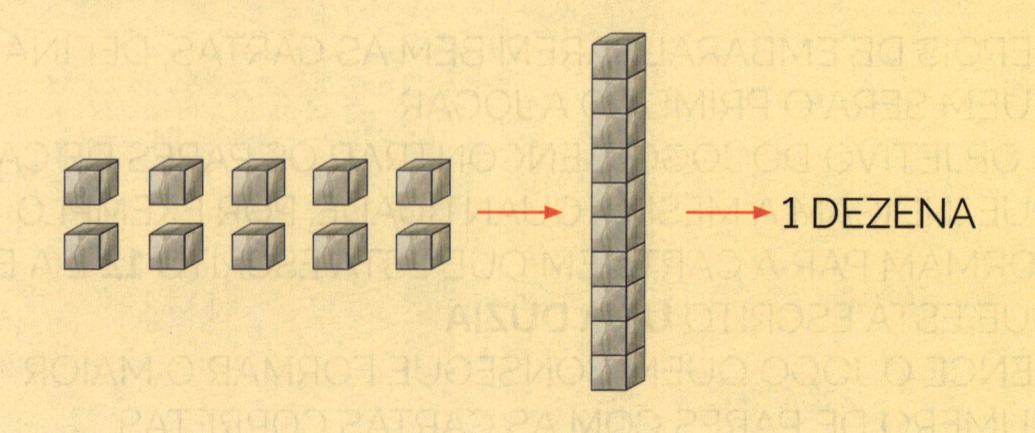

⟶ 1 DEZENA

ATIVIDADES

1 OBSERVE O MODELO E COMPLETE OS ITENS.

1 DEZENA E 1 UNIDADE =

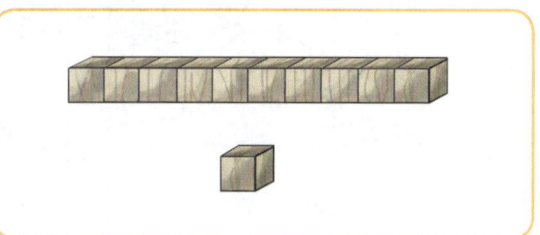

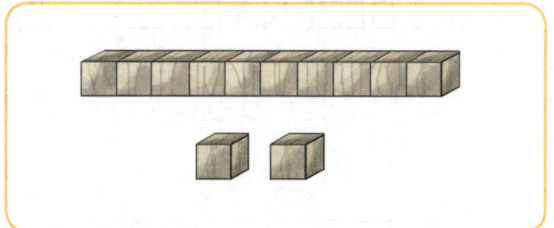

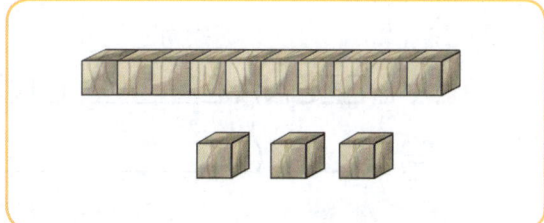

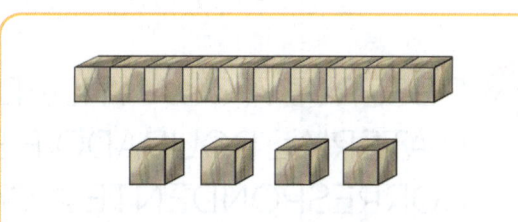

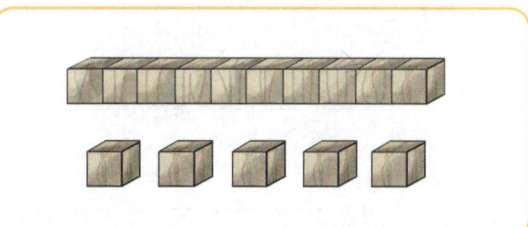

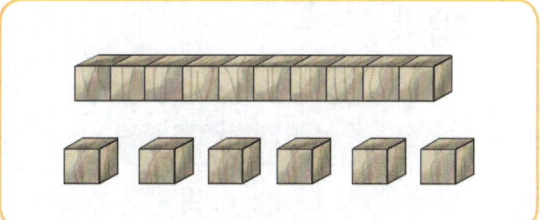

= 11 (onze)

A) 1 DEZENA E _____ UNIDADES =
= _____ (_____)

B) 1 DEZENA E _____ UNIDADES =
= _____ (_____)

C) 1 DEZENA E _____ UNIDADES =
= _____ (_____)

D) 1 DEZENA E _____ UNIDADES =
= _____ (_____)

E) 1 DEZENA E _____ UNIDADES =
= _____ (_____)

F) 1 DEZENA E _____ UNIDADES =

= _____ (_____)

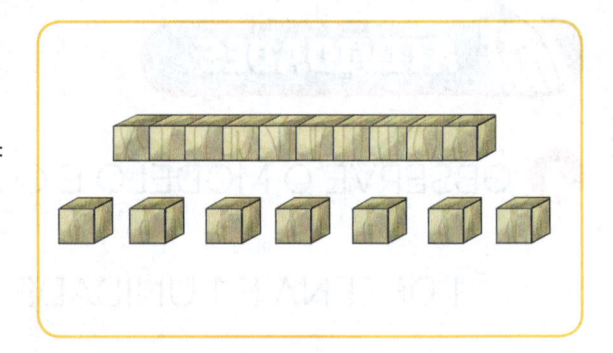

G) 1 DEZENA E _____ UNIDADES =

= _____ (_____)

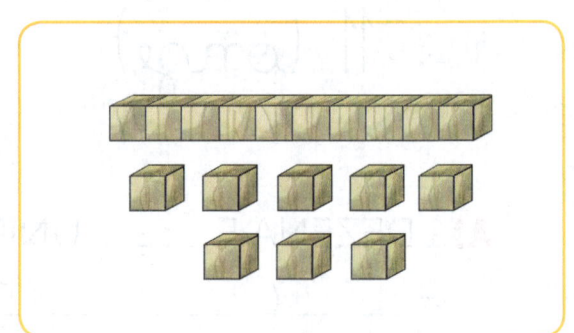

H) 1 DEZENA E _____ UNIDADES =

= _____ (_____)

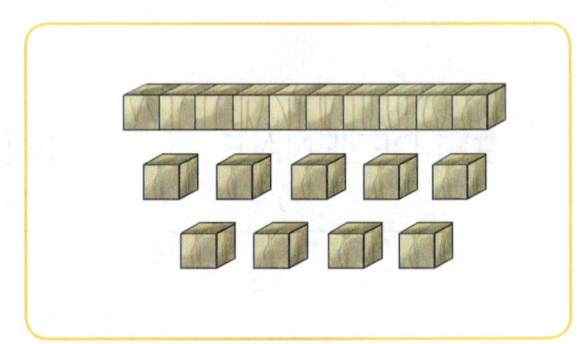

2 OBSERVE A QUANTIDADE REPRESENTADA PELO MATERIAL DOURADO E ESCREVA O NÚMERO NO QUADRO CORRESPONDENTE A CADA ITEM.

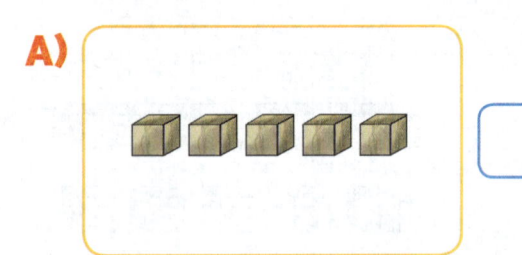

A)

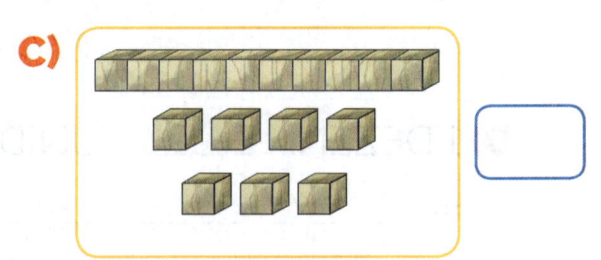

B)

C)

D)

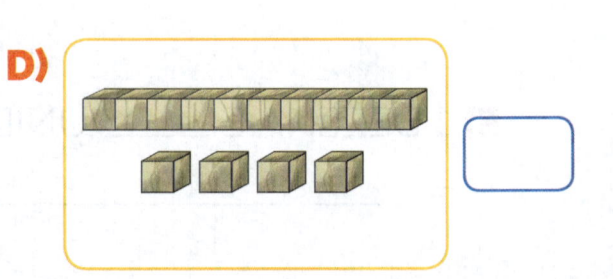

3 PINTE A QUANTIDADE NECESSÁRIA DE CUBINHOS PARA REPRESENTAR OS NÚMEROS ABAIXO. OBSERVE O EXEMPLO:

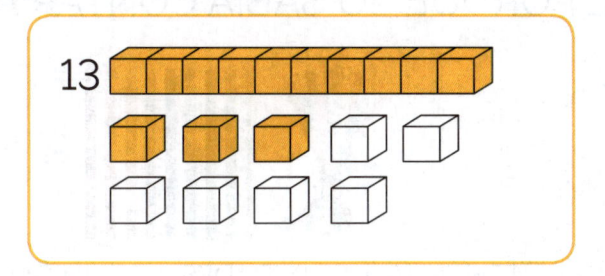

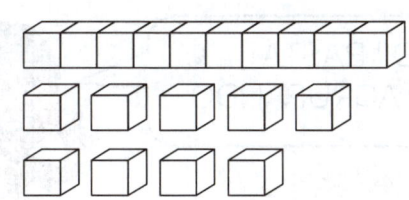

13

A) 15

C) 18

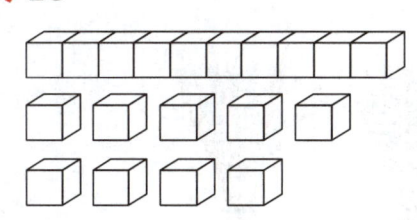

B) 11

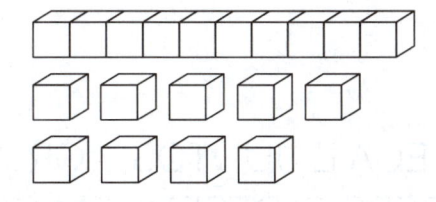

D) 19

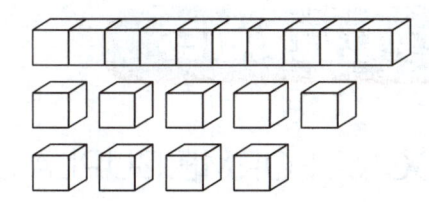

DESAFIO

1 QUANTAS BARRAS DE DEZENAS PODEMOS FORMAR COM OS CUBINHOS ABAIXO?

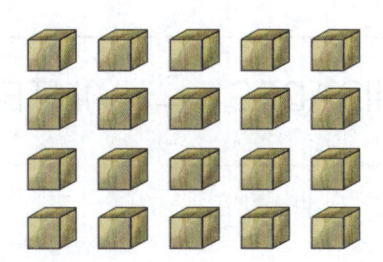

PODEMOS FORMAR _____.

MAIS DEZENAS

PEDRO ESTAVA TRISTE PORQUE SÓ SABIA CONTAR ATÉ 19.

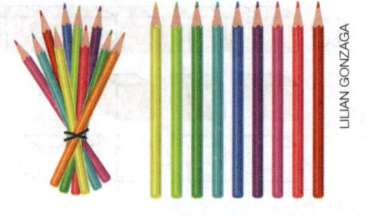

10 UNIDADES = 1 DEZENA

1 DEZENA + 9 UNIDADES = 19 UNIDADES

VAMOS AJUDÁ-LO JUNTANDO MAIS UM LÁPIS?

APRENDI! BASTA CONTINUAR AGRUPANDO.

20 UNIDADES = 2 DEZENAS
10 + 10 = 20

ATIVIDADES

1 AGORA FORME DUPLA COM UM COLEGA E, JUNTOS, AGRUPEM OS LÁPIS DE COR QUE VOCÊS TÊM. DEPOIS, DESENHEM OS AGRUPAMENTOS NO QUADRO.

A) 2 DEZENAS E 1 UNIDADE ⟶ VINTE E UM

B) 2 DEZENAS E 4 UNIDADES ⟶ VINTE E QUATRO

2 RECORTE AS PEÇAS DO MATERIAL DOURADO, DA **PÁGINA 167**, E UTILIZE-AS PARA REPRESENTAR OS NÚMEROS INDICADOS NO QUADRO. EM SEGUIDA, DESENHE NOS ESPAÇOS A QUANTIDADE DE BARRINHAS QUE VOCÊ USOU PARA FORMAR CADA NÚMERO.

NÚMERO	MATERIAL DOURADO
1 DEZENA 10 (DEZ) UNIDADES	
2 DEZENAS 20 (VINTE) UNIDADES	
3 DEZENAS 30 (TRINTA) UNIDADES	
4 DEZENAS 40 (QUARENTA) UNIDADES	
5 DEZENAS 50 (CINQUENTA) UNIDADES	
6 DEZENAS 60 (SESSENTA) UNIDADES	
7 DEZENAS 70 (SETENTA) UNIDADES	

NÚMERO	MATERIAL DOURADO
8 DEZENAS 80 (OITENTA) UNIDADES	
9 DEZENAS 90 (NOVENTA) UNIDADES	

3 VEJA A QUANTIDADE DE BONÉS QUE HÁ EM UMA LOJA. DEPOIS, CONTORNE OS BONÉS DE 10 EM 10.

A) QUANTOS GRUPOS DE 10 BONÉS VOCÊ CONTORNOU?

_____

B) QUANTAS DEZENAS VOCÊ FORMOU?

_____

C) QUANTOS BONÉS SOBRARAM?

_____

D) QUANTOS BONÉS HÁ NA LOJA?

_____

4 INDIQUE A QUANTIDADE EM CADA ITEM, COMO NO EXEMPLO:

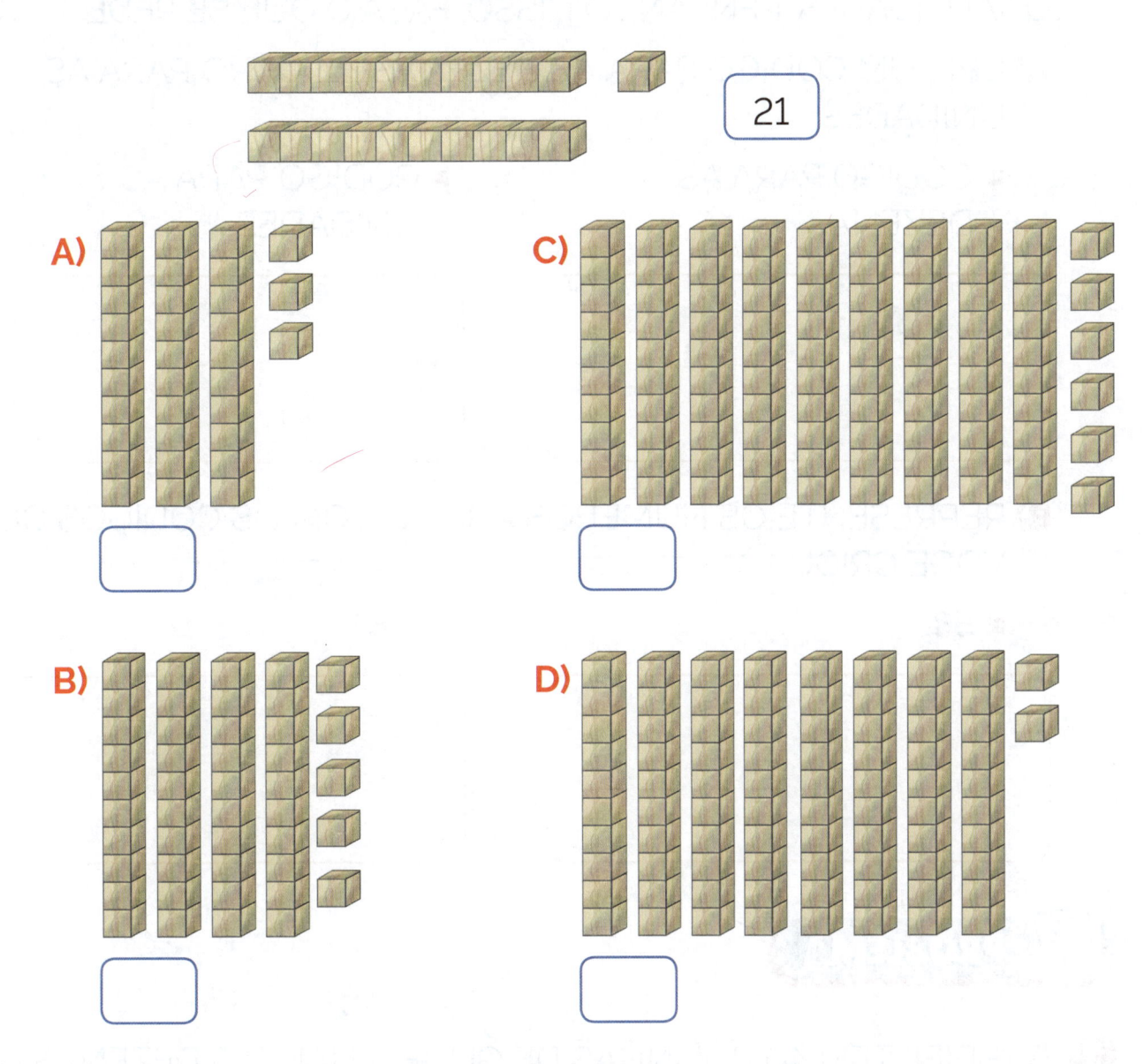

21

A) ☐

B) ☐

C) ☐

D) ☐

HÁ OUTRAS MANEIRAS DE REPRESENTAR AS DEZENAS E AS UNIDADES. PODEMOS CRIAR CÓDIGOS PARA REPRESENTÁ-LAS.

VEJA UM EXEMPLO:

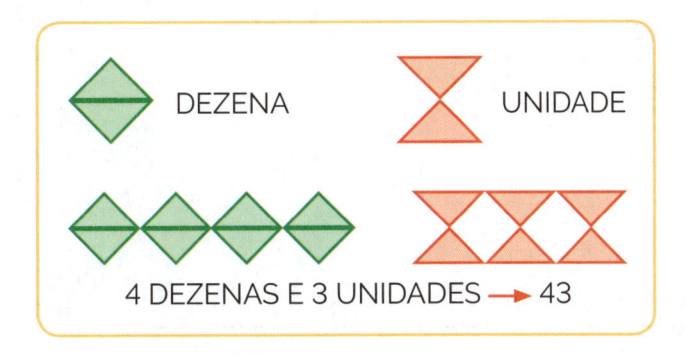

◆ DEZENA   ⋈ UNIDADE

◆◆◆◆   ⋈⋈⋈

4 DEZENAS E 3 UNIDADES → 43

5 VOCÊ VIU QUE PODEMOS CRIAR CÓDIGOS PARA REPRESENTAR QUANTIDADES. PENSANDO NISSO, FAÇA O QUE SE PEDE.

A) CRIE UM CÓDIGO PARA AS DEZENAS E OUTRO PARA AS UNIDADES.

- CÓDIGO PARA AS DEZENAS:

- CÓDIGO PARA AS UNIDADES:

B) REPRESENTE OS NÚMEROS ABAIXO COM OS CÓDIGOS QUE VOCÊ CRIOU.

- 53

- 81

PROBLEMA

1 GABRIEL TEM 40 BOLINHAS DE GUDE. QUANTAS DEZENAS DE BOLINHAS ELE TEM? REPRESENTE-AS COM DESENHOS.

ORDINAIS, PARES E ÍMPARES

UNIDADE 5

NÚMEROS ORDINAIS

BRINCAR

BRINCAR E COMPETIR É MUITO MANEIRO
NÃO IMPORTA QUEM GANHA
NEM QUEM CHEGA PRIMEIRO
O QUE IMPORTA É SER PARCEIRO,
SE EU FICO EM SEGUNDO OU TERCEIRO
EU BRINCO DE NOVO DESDE O COMEÇO

TEXTO ESCRITO ESPECIALMENTE PARA ESTA OBRA.

QUANDO QUEREMOS INFORMAR **ORDEM**, **POSIÇÃO** OU **LUGAR**, USAMOS OS **NÚMEROS ORDINAIS**.

4ª RODADA
1º LUGAR: LAÍS
2º LUGAR: MARQUINHOS
3º LUGAR: JUJU

CLÁUDIA MARIANNO

VAMOS CONHECER A ESCRITA DOS NÚMEROS ORDINAIS ATÉ O 20º.

1º	PRIMEIRO	8º	OITAVO	15º	DÉCIMO QUINTO
2º	SEGUNDO	9º	NONO	16º	DÉCIMO SEXTO
3º	TERCEIRO	10º	DÉCIMO	17º	DÉCIMO SÉTIMO
4º	QUARTO	11º	DÉCIMO PRIMEIRO	18º	DÉCIMO OITAVO
5º	QUINTO	12º	DÉCIMO SEGUNDO	19º	DÉCIMO NONO
6º	SEXTO	13º	DÉCIMO TERCEIRO	20º	VIGÉSIMO
7º	SÉTIMO	14º	DÉCIMO QUARTO		

AGORA OBSERVE ALGUMAS SITUAÇÕES EM QUE USAMOS ESSES NÚMEROS:

QUAL ÔNIBUS PASSA NO JARDIM DA LUZ?

O 2º ÔNIBUS DAQUELA FILA.

EU TERMINEI A PROVA EM 3º LUGAR. E VOCÊ?

EU FIQUEI EM 7º LUGAR.

ACHO QUE VAI DEMORAR, EU SOU O 8º DA FILA...

ILUSTRAÇÕES: ANDERSON CÁSSIO

ATIVIDADES

1 EM QUE OUTRA SITUAÇÃO DO DIA A DIA VOCÊ USA OS NÚMEROS ORDINAIS? FAÇA UM DESENHO NO QUADRO A SEGUIR PARA REPRESENTÁ-LA.

2 OBSERVE A FILA ABAIXO:

A) EM QUE LUGAR ESTÁ O MENINO DE BONÉ? _____

B) E A MENINA DE VESTIDO? _____

C) E O MENINO DE CALÇA AZUL? _____

D) E A MENINA DE BERMUDA SEM ESTAMPA? _____

3 ISABEL E SEUS AMIGOS FIZERAM UMA CORRIDA DE BICICLETAS. VEJA A ORDEM DE CHEGADA:

A) QUEM FOI O 4º COLOCADO?
_____

B) EM QUE POSIÇÃO DIANA CHEGOU?
_____

C) QUEM FOI O 3º COLOCADO?
_____

D) QUEM FOI O ÚLTIMO COLOCADO?
_____

E) QUEM FOI O VENCEDOR?
_____

F) ESCREVA, NO PÓDIO, O NOME DOS TRÊS PRIMEIROS COLOCADOS.

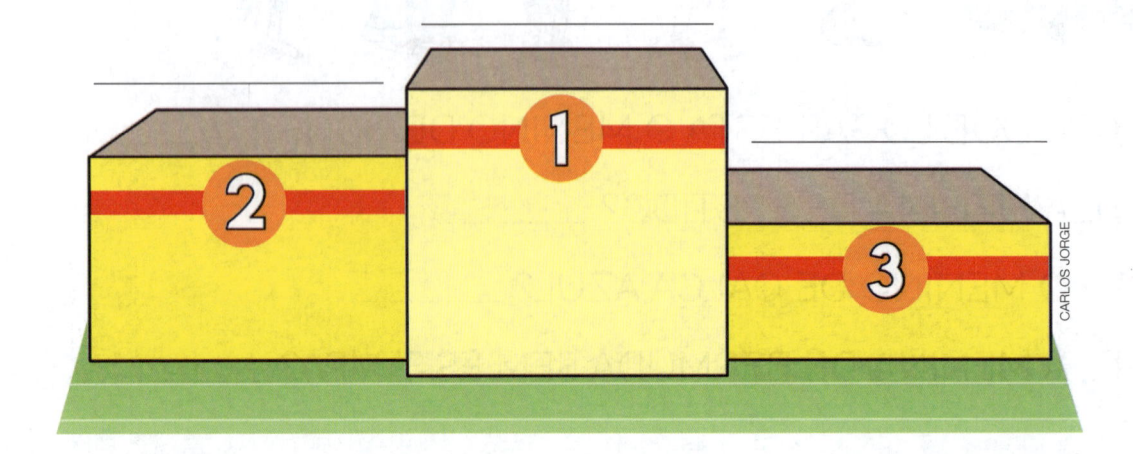

4 NUMERE AS CENAS NA ORDEM EM QUE ACONTECEM. DEPOIS, CRIE UMA HISTÓRIA E CONTE-A AOS COLEGAS.

_____
_____
_____

NÚMEROS PARES E NÚMEROS ÍMPARES

QUANDO SEPARAMOS UMA QUANTIDADE EM GRUPOS DE DOIS ELEMENTOS E NÃO SOBRA ELEMENTO, ESSA QUANTIDADE É **PAR**; SE SOBRA UM ELEMENTO, ESSA QUANTIDADE É **ÍMPAR**. O NÚMERO 1 É ÍMPAR PORQUE NÃO FORMA UM PAR.

ATIVIDADES

1 AJUDE A CENTOPEIA DESENHANDO SEUS SAPATINHOS.

- DE QUANTOS PARES DE CALÇADO ELA PRECISOU? _____

2 ENCONTRE OS PARES DE ANIMAIS E LIGUE-OS.

- ALGUM ANIMAL FICOU SEM PAR? QUAL? _____

O NÚMERO 1 É ÍMPAR PORQUE NÃO FORMA UM PAR.

3 CIRCULE OS OBJETOS DE 2 EM 2 E CLASSIFIQUE OS NÚMEROS EM PAR OU ÍMPAR.

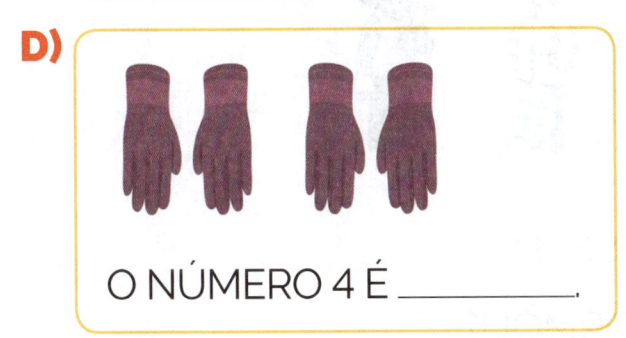

A) O NÚMERO 1 É _____.

B) O NÚMERO 2 É _____.

C) O NÚMERO 3 É _____.

D) O NÚMERO 4 É _____.

E) O NÚMERO 5 É _____.

F) O NÚMERO 6 É _____.

G) O NÚMERO 7 É _____.

H) O NÚMERO 8 É _____.

I) O NÚMERO 9 É _____.

J) O NÚMERO 10 É _____.

4 PARA ANDAR NA RODA-GIGANTE DO PARQUE, AS CRIANÇAS PRECISAM SE ORGANIZAR EM DUPLAS. CIRCULE-AS FORMANDO PARES.

A) ALGUMA CRIANÇA FICOU SEM PAR? _____

B) QUANTOS PARES VOCÊ FORMOU? _____

C) QUANTAS CRIANÇAS VÃO AO BRINQUEDO?
_____

D) ESSA QUANTIDADE É UM NÚMERO PAR OU UM NÚMERO ÍMPAR?
_____

5 OBSERVE OS CARRINHOS DE CORRIDA; PINTE DE 🟡 OS CARRINHOS COM OS NÚMEROS PARES E DE 🟤 OS CARRINHOS COM OS NÚMEROS ÍMPARES.

(carrinhos com os números: 6, 7, 8, 9, 4, 5)

6 CONTE AS BOLAS, REGISTRE A QUANTIDADE E MARQUE COM UM **X** A OPÇÃO CORRETA.

A) 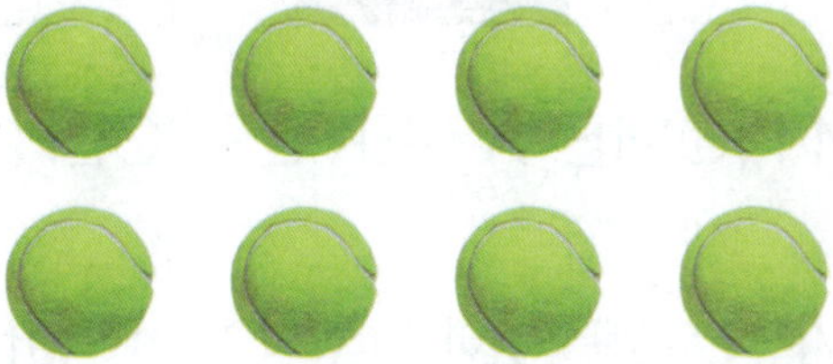 QUANTIDADE ☐ PAR ☐ ÍMPAR ☐

B)  QUANTIDADE ☐ PAR ☐ ÍMPAR ☐

C)  QUANTIDADE ☐ PAR ☐ ÍMPAR ☐

D)  QUANTIDADE ☐ PAR ☐ ÍMPAR ☐

E)  QUANTIDADE ☐ PAR ☐ ÍMPAR ☐

BRINCANDO

1 PARA ESTA COMPETIÇÃO, A TURMA DEVE SER ORGANIZADA EM DUAS EQUIPES.

1. CADA EQUIPE DEVERÁ TER UM NOME, A SER ESCOLHIDO PELOS INTEGRANTES.
2. CADA ALUNO DEVERÁ ESCREVER, DE UM LADO DE UMA FOLHA SULFITE, A PALAVRA **PAR**. DO OUTRO LADO DA FOLHA, DEVERÁ ESCREVER **ÍMPAR**.
3. O PROFESSOR ESCREVERÁ UM NÚMERO NA LOUSA.
4. IMEDIATAMENTE APÓS O SINAL DO PROFESSOR, CADA ALUNO DEVERÁ ERGUER A FOLHA COM A PALAVRA ESCOLHIDA (PAR OU ÍMPAR) VOLTADA PARA A FRENTE E SEGURÁ-LA ATÉ QUE O PROFESSOR VERIFIQUE UMA A UMA.
5. OS PARTICIPANTES QUE CLASSIFICAREM CORRETAMENTE O NÚMERO ESCRITO NA LOUSA PERMANECEM COM A FOLHA. AQUELES QUE ERRAREM DEVEM DEVOLVER A FOLHA AO PROFESSOR.
6. A COMPETIÇÃO TERMINA QUANDO SOBRAR UM ÚNICO PARTICIPANTE OU QUANDO SE ATINGIR O NÚMERO MÁXIMO DE 10 RODADAS.
BOA SORTE!

GEOMETRIA

UNIDADE 6

SÓLIDOS GEOMÉTRICOS

A FORMA DE MUITOS OBJETOS A NOSSO REDOR NOS LEMBRA DOS **SÓLIDOS GEOMÉTRICOS**. OBSERVE O QUARTO DE LUIZA E VEJA ALGUNS DELES.

VEJA O NOME DE ALGUNS SÓLIDOS GEOMÉTRICOS:

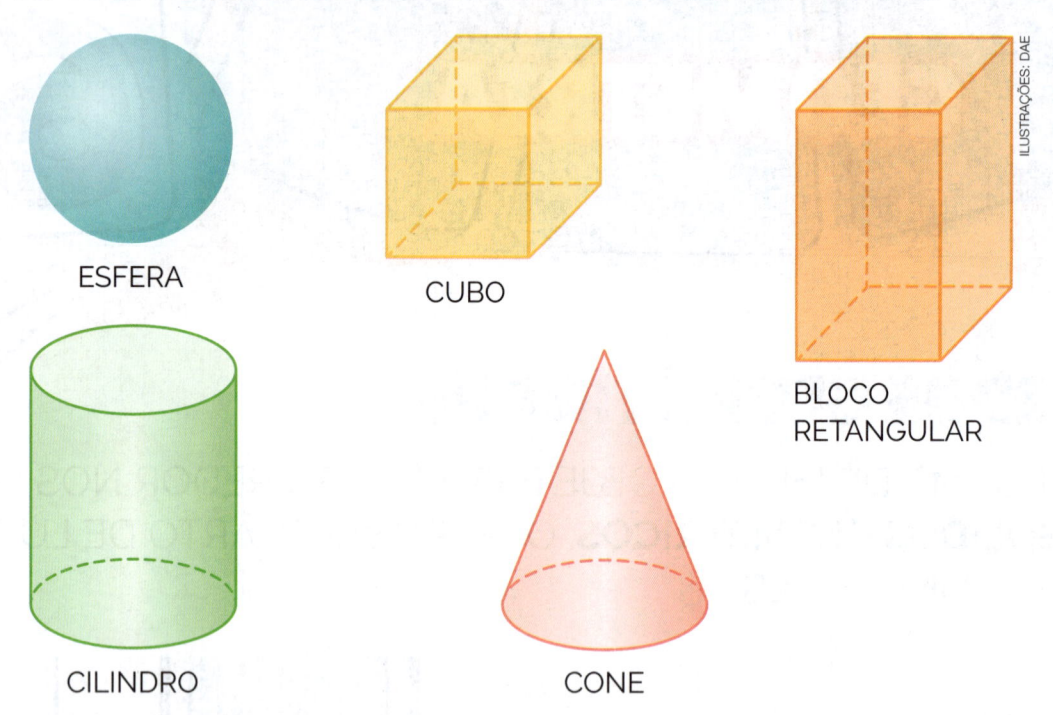

ESFERA

CUBO

BLOCO RETANGULAR

CILINDRO

CONE

ATIVIDADES

1 DESENHE DOIS OBJETOS DE SEU QUARTO QUE TENHAM A FORMA PARECIDA COM UM SÓLIDO GEOMÉTRICO.

2 VAMOS DESENHAR E PINTAR OBJETOS QUE TÊM A MESMA FORMA DESTES SÓLIDOS GEOMÉTRICOS.

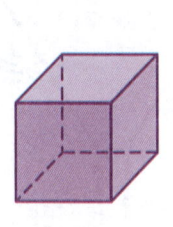

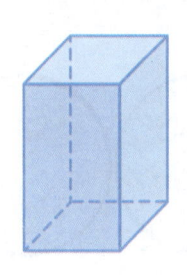

AGORA PENSE E RESPONDA:

A) QUAIS DESSES OBJETOS TÊM PARTES ARREDONDADAS? CIRCULE-OS.

_____

B) QUAIS DESSES OBJETOS NÃO TÊM PARTES ARREDONDADAS? MARQUE-OS COM UM **X**.

_____

3 VEJA ESTES OBJETOS QUE FAZEM PARTE DE NOSSO DIA A DIA.

ILUSTRAÇÕES: RONALDO CESAR

A) PINTE DE 🟡 OS OBJETOS QUE TÊM A FORMA DE ESFERA.

B) PINTE DE 🔵 OS OBJETOS QUE TÊM A FORMA DE CONE.

C) PINTE DE 🔴 OS OBJETOS QUE TÊM A FORMA DE CILINDRO.

D) PINTE DE 🟢 OS OBJETOS QUE TÊM A FORMA DE CUBO.

PESQUISANDO

1 EM JORNAIS, FOLHETOS OU REVISTAS, PROCURE FIGURAS QUE TENHAM A MESMA FORMA DOS SÓLIDOS GEOMÉTRICOS ESTUDADOS. RECORTE-AS E COLE-AS NO QUADRO CORRESPONDENTE.

ESFERA

BLOCO RETANGULAR

CUBO

CILINDRO

CONE

BRINCANDO

1 VAMOS FAZER UM CARTAZ COM EMBALAGENS QUE LEMBRAM SÓLIDOS GEOMÉTRICOS? FORME UM GRUPO COM ALGUNS COLEGAS E SIGAM AS ORIENTAÇÕES.

1. TRAGAM DE CASA EMBALAGENS VAZIAS E LIMPAS: CAIXAS DE LEITE, LATAS DE ERVILHA, ROLOS DE PAPEL HIGIÊNICO, CAIXAS DE CREME DENTAL, ENTRE OUTROS – DE PREFERÊNCIA, EMBALAGENS CUJAS FORMAS LEMBREM SÓLIDOS GEOMÉTRICOS.
2. COLEM ESSAS EMBALAGENS EM UMA CARTOLINA DEIXANDO ESPAÇO ENTRE ELAS.
3. FAÇAM ETIQUETAS DE PAPEL COLORIDO COM O NOME DOS SÓLIDOS GEOMÉTRICOS QUE VOCÊS ESTUDARAM ATÉ AGORA.
4. COLEM, ABAIXO DE CADA EMBALAGEM, A ETIQUETA COM O NOME DO SÓLIDO QUE NA OPINIÃO DE VOCÊS SE PARECE COM A FORMA DA EMBALAGEM.
5. EXPONHAM O CARTAZ QUE ELABORARAM AOS COLEGAS DA TURMA.

FIGURAS GEOMÉTRICAS PLANAS

A FESTA DAS FIGURAS

CADA FIGURA TEM SEU JEITO,
MAS ELAS SÃO AMIGAS.
TODAS SE REÚNEM
PRA UMA FESTA DIVERTIDA.

LÁ VEM O SENHOR QUADRADO,
TODO ENGRAVATADO
COM SEUS 4 LADOS.

OLHA SÓ O RETÂNGULO:
VEIO DE VESTIDO
PRA PARECER MENOS COMPRIDO.

O CÍRCULO ACABOU DE CHEGAR,
VAI COLOCAR OS SAPATOS
PARA PARAR DE ROLAR.

ALGUÉM VIU O TRIÂNGULO?
FOI COMER UM DOCINHO
COM SEUS 3 BIQUINHOS.

TEXTO ESCRITO ESPECIALMENTE PARA ESTA OBRA.

VEJA O NOME DE ALGUMAS FIGURAS GEOMÉTRICAS PLANAS.

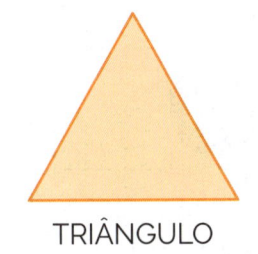

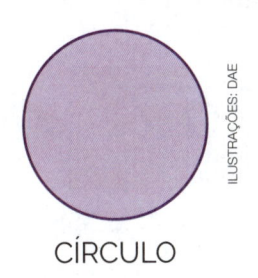

QUADRADO   RETÂNGULO   TRIÂNGULO   CÍRCULO

ATIVIDADES

1 ALGUNS OBJETOS QUE USAMOS NO DIA A DIA LEMBRAM FIGURAS GEOMÉTRICAS PLANAS. OBSERVE CADA FOTOGRAFIA ABAIXO E LIGUE-A COM A FIGURA GEOMÉTRICA CORRESPONDENTE.

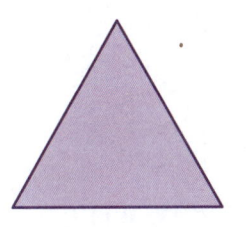

2 DESCUBRA O SEGREDO DA SEQUÊNCIA E TERMINE DE PINTÁ-LA.

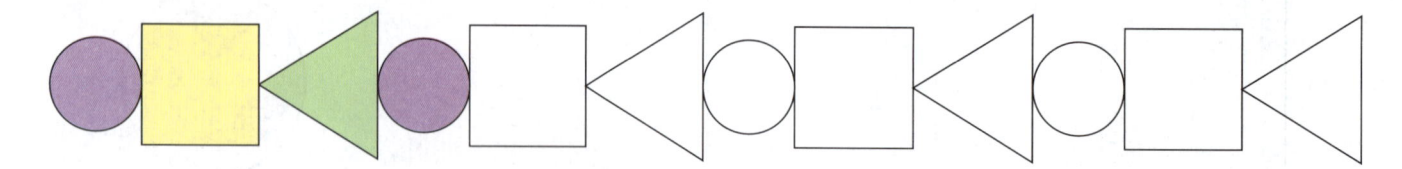

■ AGORA COMPLETE A FRASE.

AS FIGURAS QUE FORMAM ESSA SEQUÊNCIA SÃO:

_____

3 ALICE FEZ UM DESENHO USANDO FIGURAS GEOMÉTRICAS PLANAS. OBSERVE E ESCREVA NOS QUADRINHOS QUANTAS FIGURAS DE CADA TIPO ELA USOU.

☐ CÍRCULO   ☐ RETÂNGULO

☐ QUADRADO   ☐ TRIÂNGULO

4 OBSERVE A LEGENDA E PINTE O ROBÔ FERRUGEM USANDO A COR INDICADA PARA CADA FIGURA GEOMÉTRICA PLANA.

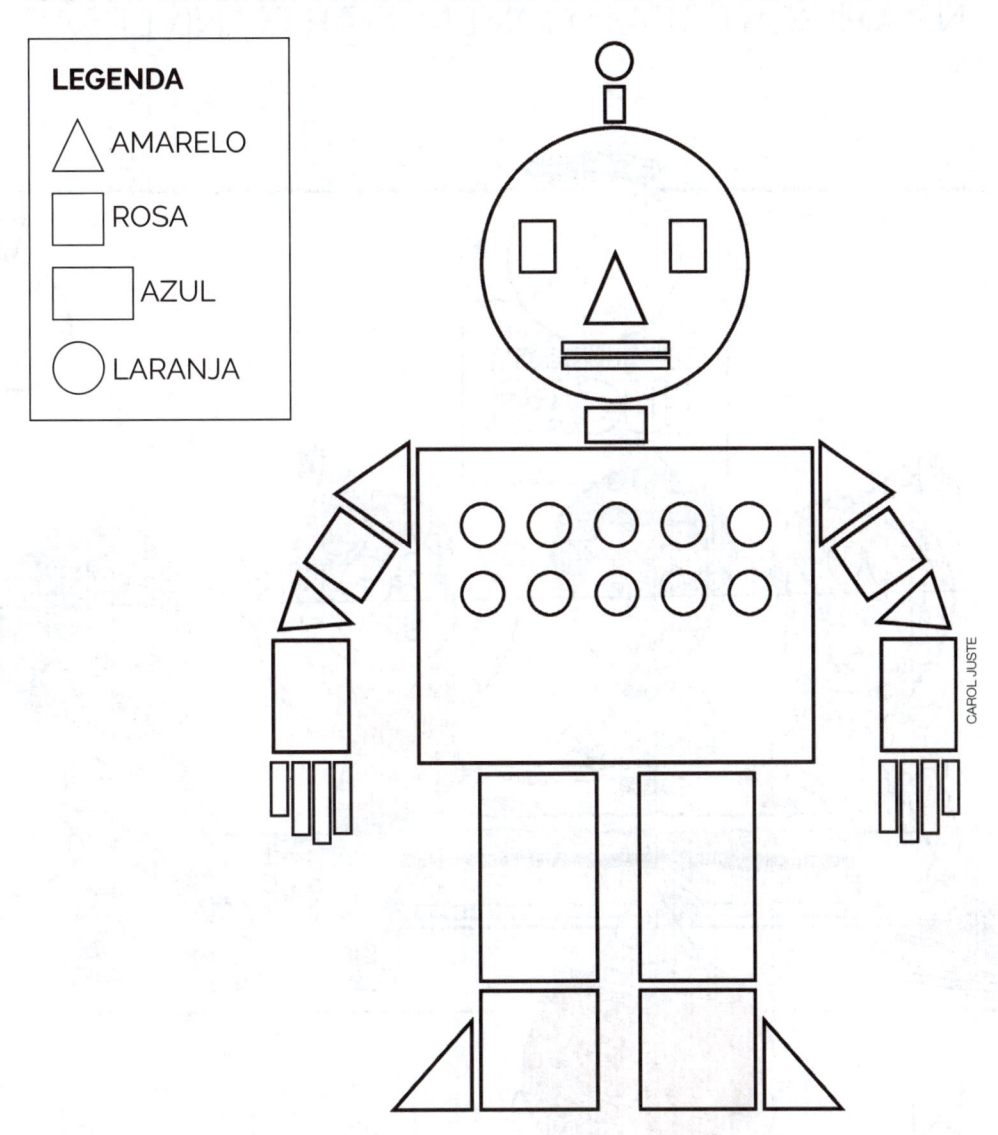

LEGENDA
- △ AMARELO
- □ ROSA
- ▭ AZUL
- ○ LARANJA

DESAFIO

1 USANDO APENAS 5 PALITOS DE SORVETE, MONTE DUAS FIGURAS GEOMÉTRICAS PLANAS. FAÇA UM DESENHO NO QUADRO AO LADO PARA REPRESENTAR SUA RESPOSTA.

LOCALIZANDO OBJETOS E PESSOAS

HOJE ALGUNS AMIGOS FORAM COMEMORAR O ANIVERSÁRIO DE LUCAS, VEJA:

O QUE VOCÊ VÊ NA FRENTE DE LUCAS?
_____
_____

QUE OBJETO ESTÁ ATRÁS DOS AMIGOS DE LUCAS?
_____

ATIVIDADES

1 OBSERVE NA PÁGINA ANTERIOR A CENA DO ANIVERSÁRIO DE LUCAS E FAÇA O QUE SE PEDE.

A) ASSINALE O SÓLIDO QUE SE PARECE COM O OBJETO QUE ESTÁ À DIREITA DE LUCAS.

B) DESENHE E ESCREVA O NOME DE UM OBJETO DA CENA. DEPOIS, DESCREVA PARA O PROFESSOR A POSIÇÃO DELE EM RELAÇÃO A LUCAS.

C) QUE OBJETO DA CENA SE PARECE COM ?

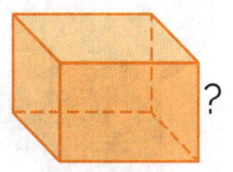

DESCREVA A POSIÇÃO DESSE OBJETO PARA O PROFESSOR.

2 NO QUADRO A SEGUIR, DESENHE:

A) UMA FLOR À SUA DIREITA;

B) UM PASSARINHO À SUA ESQUERDA;

C) UM SOL ENTRE A FLOR E O PASSARINHO;

D) UMA MINHOCA EMBAIXO DO SOL.

3 OBSERVE A IMAGEM. CONTORNE O ANIMAL QUE ESTÁ EM CIMA DO SOFÁ E FAÇA UM **X** NO ANIMAL QUE ESTÁ EMBAIXO DO SOFÁ.

4 MARIA ESTÁ BRINCANDO NA SALA.

A) PINTE:

DE 🔵 O OBJETO QUE ESTÁ À ESQUERDA DE MARIA;

DE 🟢 O OBJETO QUE ESTÁ À DIREITA DE MARIA;

DE 🟠 O OBJETO QUE ESTÁ À FRENTE DE MARIA;

DE 🟡 O OBJETO QUE ESTÁ ATRÁS DE MARIA;

DE 🟧 O OBJETO QUE ESTÁ ACIMA DE MARIA;

DE 🟤 O OBJETO QUE ESTÁ ABAIXO DE MARIA.

B) DESENHE UM BRINQUEDO NA FRENTE E À DIREITA DE MARIA.

C) FAÇA UM **X** ATRÁS E À ESQUERDA DE MARIA.

SAIBA MAIS

VAMOS CONHECER O TANGRAM!

O TANGRAM É UM DIVERTIDO QUEBRA-CABEÇA FORMADO POR SETE PEÇAS. ELE FOI CRIADO PELOS CHINESES. COM ESSAS PEÇAS PODEMOS FAZER MUITAS FIGURAS. VEJA:

AGORA É SUA VEZ! RECORTE AS PEÇAS DO TANGRAM QUE ESTÃO NA **PÁGINA 169** E MONTE UMA FIGURA NO QUADRO ABAIXO.

UNIDADE 7

ADIÇÃO E SUBTRAÇÃO

ADIÇÃO

QUANDO JUNTAMOS QUANTIDADES, FAZEMOS UMA OPERAÇÃO CHAMADA **ADIÇÃO**.

DANIELE E AMANDA VÃO DAR UM PRESENTE PARA A PROFESSORA.

ELAS VÃO PREPARAR UMA CESTA COM SABONETES DECORADOS.

PARA SABER QUANTOS SABONETES ELAS COLOCARÃO NA CESTA FAREMOS UMA ADIÇÃO.

4	MAIS 2	É IGUAL A 6

E REPRESENTAMOS ASSIM: 4 + 2 = 6.
O SINAL DA OPERAÇÃO DE ADIÇÃO É O **+** (**MAIS**).

ATIVIDADES

1 PARA INFORMAR SUA IDADE, GABI MOSTROU AS MÃOS COM ALGUNS DEDOS ESTENDIDOS. OBSERVE E ESCREVA A IDADE DELA.

_____

2 FAÇA AS ADIÇÕES, COMO NO EXEMPLO.

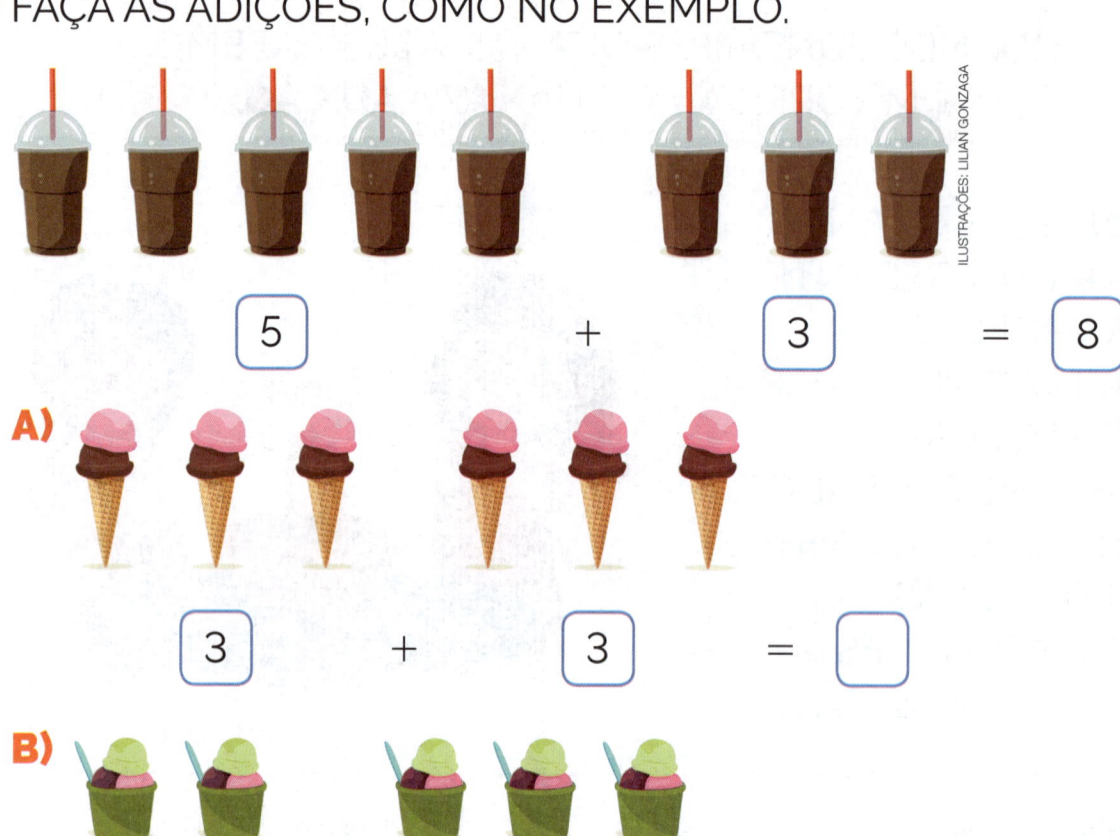

5 + 3 = 8

A) 3 + 3 = ☐

B) 2 + 3 = ☐

C) 7 + 2 = ☐

3 MICHELE E ANDERSON ESTAVAM BRINCANDO DE LANÇAR ARGOLAS NOS PINOS PARA MARCAR PONTOS. COMPLETE OS QUADRINHOS E DESCUBRA QUANTOS PONTOS CADA CRIANÇA MARCOU.

☐ + ☐ = ☐

A) QUANTOS PONTOS MICHELE MARCOU? _____

☐ + ☐ = ☐

B) QUANTOS PONTOS ANDERSON MARCOU? _____

C) QUEM MARCOU MAIS PONTOS, MICHELE OU ANDERSON?
_____

4 OBSERVE O EXEMPLO E EFETUE AS ADIÇÕES.

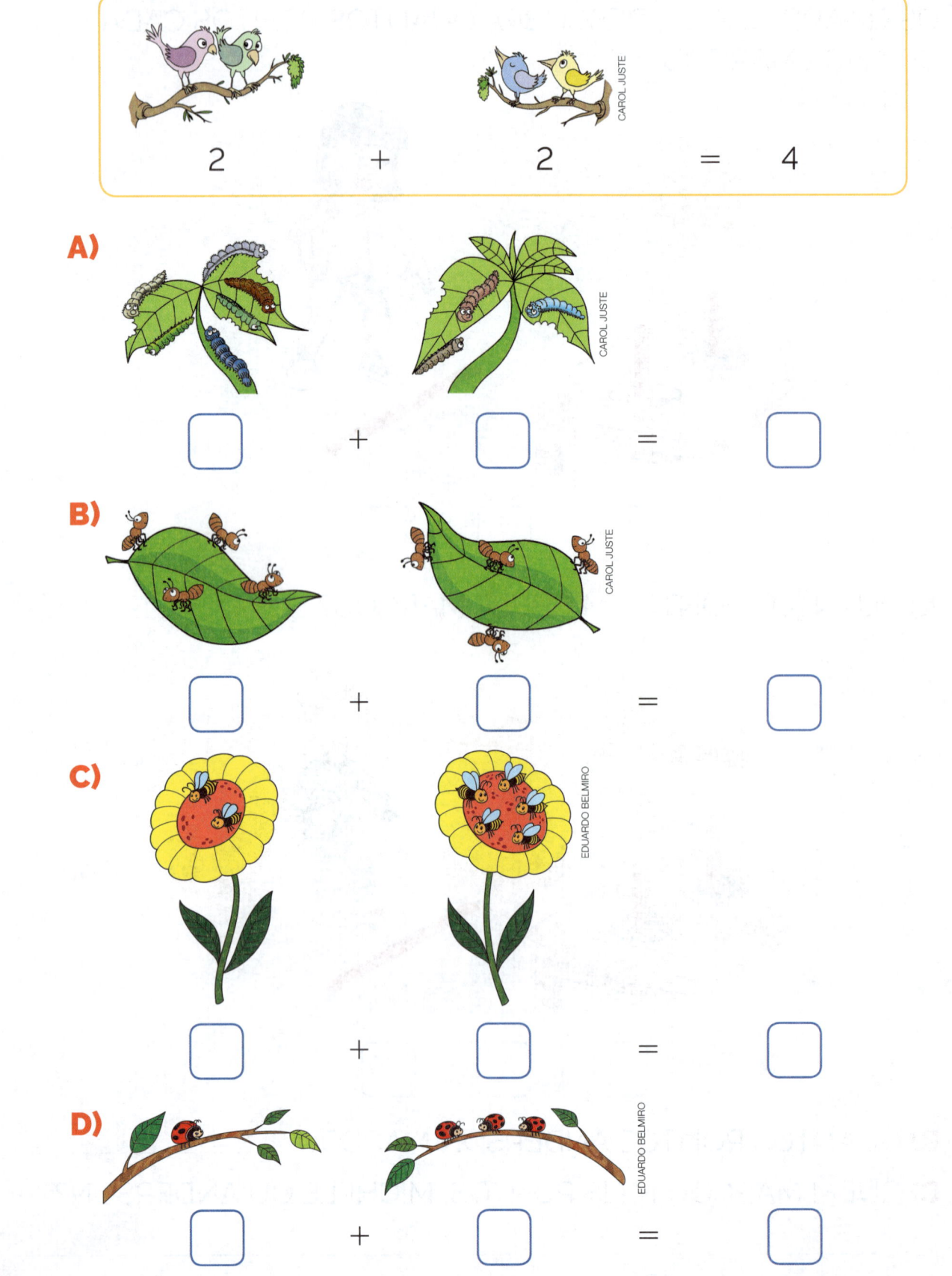

2 + 2 = 4

A) ☐ + ☐ = ☐

B) ☐ + ☐ = ☐

C) ☐ + ☐ = ☐

D) ☐ + ☐ = ☐

5 PEDRO E RODRIGO JOGARAM DADOS 4 VEZES. ESCREVA OS PONTOS QUE CADA UM OBTEVE. OBSERVE O EXEMPLO.

JOGADAS	PEDRO	RODRIGO
1ª JOGADA	2 + 6 = 8	5 + 4 = 9
2ª JOGADA	3 + 4 = 7	2 + 2 = 4
3ª JOGADA	3 + 1 = 4	3 + 1 = 4
4ª JOGADA	2 + 1 = 3	3 + 1 = 4

AGORA, RESPONDA:

A) QUEM SOMOU MAIS PONTOS NA PRIMEIRA RODADA?

RODRIGO.

B) EM QUAL RODADA PEDRO E RODRIGO EMPATARAM, OU SEJA, SOMARAM A MESMA QUANTIDADE DE PONTOS?

NA 3ª RODADA.

C) EM QUAIS RODADAS PEDRO FEZ MENOS PONTOS?

NA 1ª E NA 4ª RODADAS.

6 ESCREVA NOS QUADRINHOS A QUANTIDADE QUE CADA MÃO INDICA E FAÇA UMA ADIÇÃO PARA SABER O TOTAL MOSTRADO.

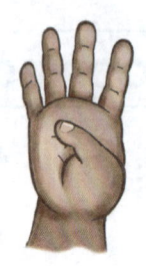

☐ + ☐ + ☐ = ☐

7 EM DUPLA, UTILIZE PALITOS DE PICOLÉ PARA EFETUAR AS ADIÇÕES. DEPOIS LIGUE CADA ADIÇÃO AO RESULTADO.

5 + 2 =

4 + 2 =

9 + 0 =

6 + 3 =

1 + 5 =

4 + 4 =

3 + 4 =

7 + 1 =

6

7

8

9

8 CIRCULE OS OBJETOS DE 10 EM 10. DEPOIS EFETUE AS ADIÇÕES E ANOTE O RESULTADO NO QUADRO, DE ACORDO COM O EXEMPLO.

10 + 3 = 13

DEZENAS	UNIDADES
1	3

A)

10 + 6 = 16

DEZENAS	UNIDADES
1	6

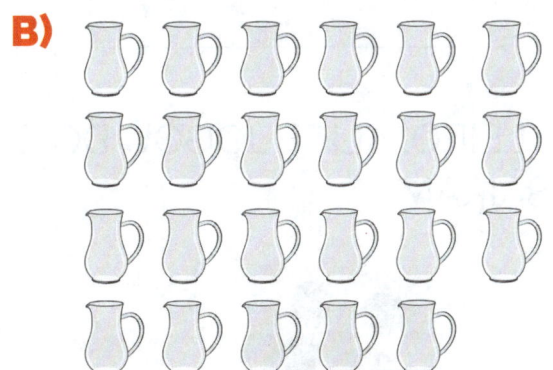

B)

10 + 10 + 3 = 23

DEZENAS	UNIDADES
2	3

C)

10 + 5 = 15

DEZENAS	UNIDADES
1	5

PROBLEMAS

1 FABIANA E MARIANE QUEREM FAZER UM BUQUÊ DE ROSAS PARA PRESENTEAR A MÃE DELAS. FABIANA COMPROU 10 ROSAS E MARIANE COMPROU 5. QUANTAS ROSAS TERÁ O BUQUÊ FEITO PELAS IRMÃS?

---

2 RENAN FAZ CURSO DE INGLÊS E, NA SALA EM QUE ELE ESTUDA, HÁ 7 ALUNOS CONTANDO COM ELE. NA SEMANA QUE VEM ENTRARÃO MAIS 2 ALUNOS. COM QUANTOS ALUNOS FICARÁ A SALA DE AULA DE RENAN?

---

3 PARA INICIAR UM JOGO DE TABULEIRO, ALICE JOGOU DOIS DADOS. VEJA QUAIS NÚMEROS SAÍRAM.

SE ELA ESTAVA NA CASA DE NÚMERO ZERO, PARA QUAL CASA DO TABULEIRO ELA DEVE AVANÇAR?

4 QUANDO O ÔNIBUS COMEÇOU A VIAGEM, JÁ HAVIA 12 PASSAGEIROS NELE. NA PARADA ENTRARAM MAIS 5.

QUANTOS PASSAGEIROS FICARAM NO ÔNIBUS?

___

5 CÁSSIO TINHA [figurinhas]. GANHOU MAIS [figurinhas] NO JOGO DE BAFO. QUANTAS FIGURINHAS CÁSSIO TEM AGORA?

___

6 ANA TINHA 8 LIVROS E GANHOU MAIS 4 DE SEU PAI. COM QUANTOS LIVROS ANA FICOU? FAÇA UM DESENHO PARA RESPONDER.

PESQUISANDO

1 FAÇA UMA PESQUISA COM OS COLEGAS DA TURMA PARA DESCOBRIR QUANTOS ANIMAIS DE ESTIMAÇÃO CADA UM TEM. PINTE UM QUADRINHO PARA A RESPOSTA DE CADA ALUNO. NÃO SE ESQUEÇA DE REGISTRAR SUA RESPOSTA.

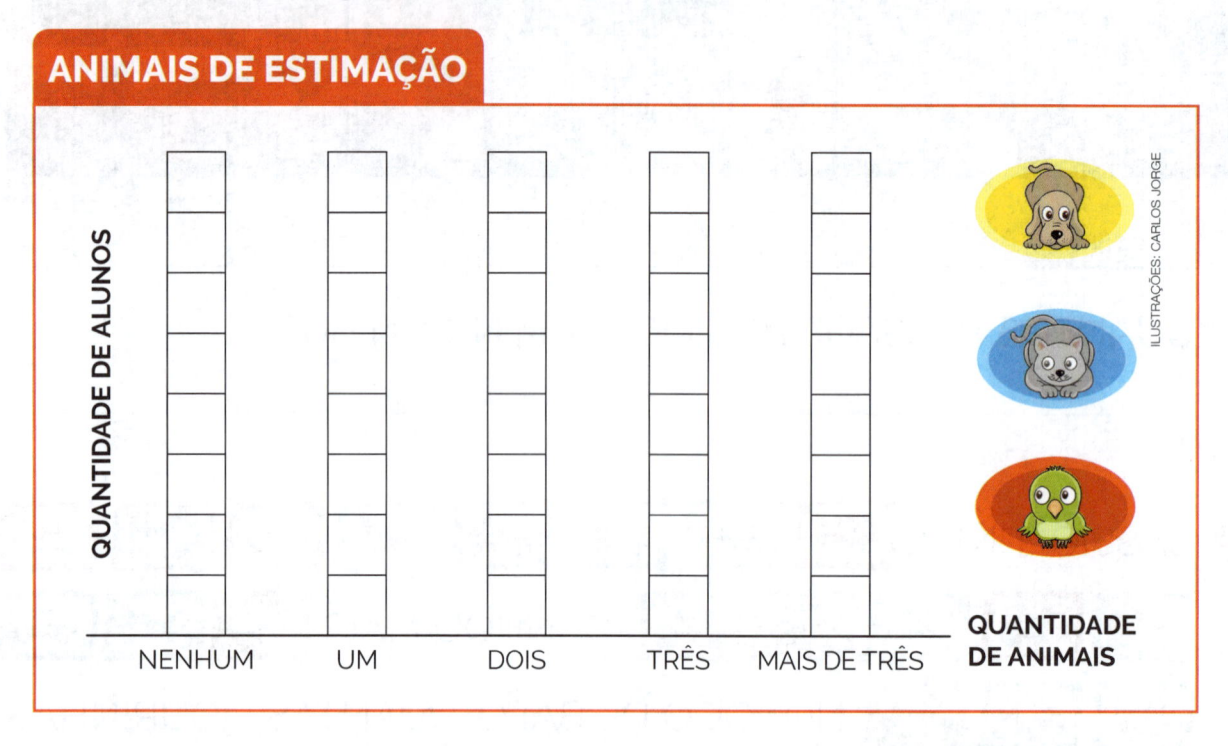

ANIMAIS DE ESTIMAÇÃO

(Gráfico: QUANTIDADE DE ALUNOS × QUANTIDADE DE ANIMAIS — NENHUM, UM, DOIS, TRÊS, MAIS DE TRÊS)

A) QUANTOS ALUNOS DA TURMA NÃO TÊM ANIMAIS DE ESTIMAÇÃO? _____

B) QUANTOS ALUNOS DA TURMA TÊM SOMENTE 1 ANIMAL DE ESTIMAÇÃO? _____

C) QUANTOS ALUNOS DA TURMA, AO TODO, TÊM 2 OU 3 ANIMAIS DE ESTIMAÇÃO? _____

D) QUANTOS TÊM MAIS DE 3 ANIMAIS DE ESTIMAÇÃO? _____

E) ALÉM DE VOCÊ, QUANTOS ALUNOS RESPONDERAM À PESQUISA?
_____

BRINCANDO

1 JUNTE-SE A UM COLEGA PARA BRINCAR DE "LANÇANDO DADOS".

1. ESCOLHAM ENTRE VOCÊS QUEM COMEÇARÁ O JOGO. O PARTICIPANTE QUE INICIAR SERÁ O **JOGADOR 1**, E O OUTRO SERÁ O **JOGADOR 2**.
2. CADA JOGADOR DEVE LANÇAR DOIS DADOS AO MESMO TEMPO E DESENHAR, NOS DADOS EM BRANCO DO QUADRO ABAIXO, AS BOLINHAS QUE REPRESENTAM OS PONTOS OBTIDOS. DEPOIS, DEVE ADICIONAR ESSES PONTOS E ANOTAR O NÚMERO ENCONTRADO.
3. O JOGADOR 2 DEVE FAZER O MESMO PROCESSO.
4. POR FIM, COMPAREM O TOTAL DE PONTOS DOS JOGADORES E PREENCHAM A COLUNA "VENCEDOR DA RODADA".
5. GANHA AQUELE QUE VENCER MAIS RODADAS.

	JOGADOR 1	JOGADOR 2	VENCEDOR DA RODADA
1ª RODADA	TOTAL DE PONTOS:	TOTAL DE PONTOS:	
2ª RODADA	TOTAL DE PONTOS:	TOTAL DE PONTOS:	
3ª RODADA	TOTAL DE PONTOS:	TOTAL DE PONTOS:	

VENCEDOR: _____.

SUBTRAÇÃO

QUANDO TEMOS UMA QUANTIDADE DE ELEMENTOS E RETIRAMOS PARTE DELA, FAZEMOS UMA OPERAÇÃO CHAMADA **SUBTRAÇÃO**.

OBSERVE:

ILUSTRAÇÕES: CLÁUDIA MARIANNO

MIRELA TINHA 6 GATINHOS PARA DOAÇÃO. ELA DOOU 2 GATINHOS PARA LUCAS.

MIRELA FICOU COM 4 GATINHOS.

PODEMOS REPRESENTAR ESSA SITUAÇÃO COM UMA SUBTRAÇÃO.

6 **MENOS** 2 É IGUAL A 4

E ESCREVEMOS ASSIM:

6 − 2 = 4

O SINAL DA OPERAÇÃO DE SUBTRAÇÃO É O − (**MENOS**).

ATIVIDADES

1 COMPLETE DE ACORDO COM O EXEMPLO.

TINHA	DEI	FIQUEI COM
9	3	6
7	5	___
8	4	___
6	2	___

2 OBSERVE OS APITOS A SEGUIR.

RETIRANDO OS APITOS COLORIDOS, QUANTOS SOBRAM?

_____

3 QUANTOS QUADRINHOS VOCÊ DEVE PINTAR PARA:

A) COMPLETAR 8?

8 – 4 = _____

B) COMPLETAR 9?

9 – 3 = _____

C) COMPLETAR 5?

5 – 2 = _____

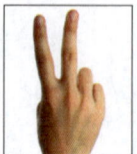

4 RESOLVA AS SUBTRAÇÕES COMO NO EXEMPLO.

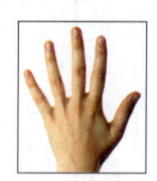

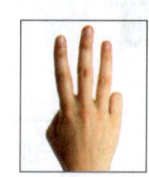

5 – 3 = 2

A) 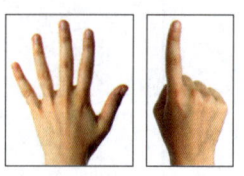 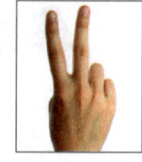 ☐ – ☐ = ☐

B) 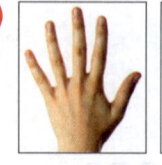 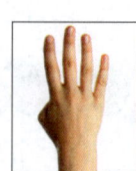 ☐ – ☐ = ☐

5 RESOLVA AS SUBTRAÇÕES COM O AUXÍLIO DO MATERIAL DOURADO. VEJA O EXEMPLO.

13 – 2 = 11

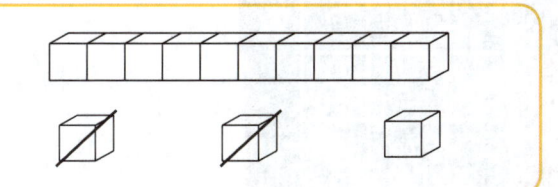

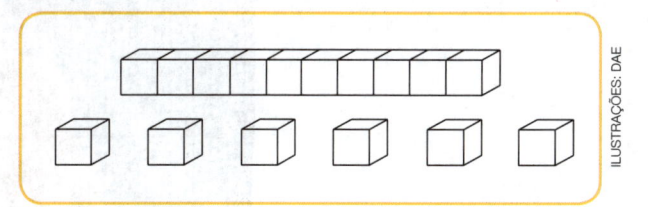

A) 15 – 3 = _____

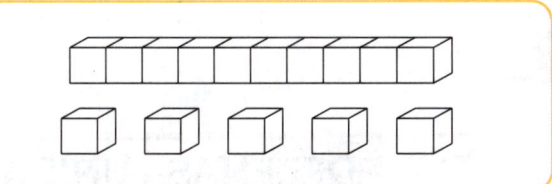

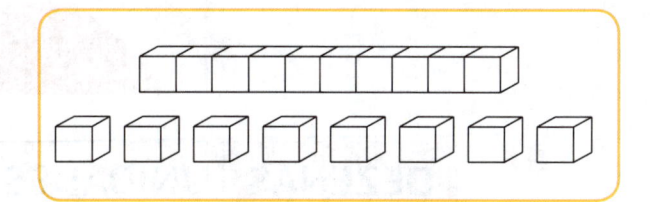

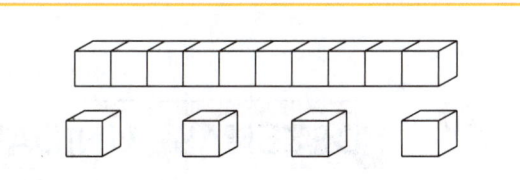

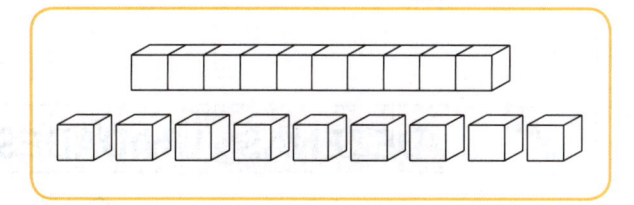

B) 14 – 1 = _____

C) 17 – 6 = _____

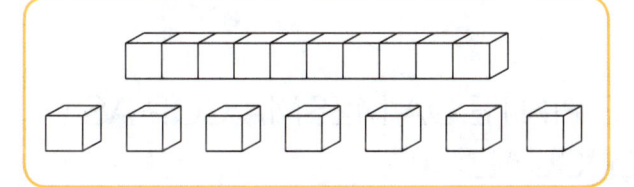

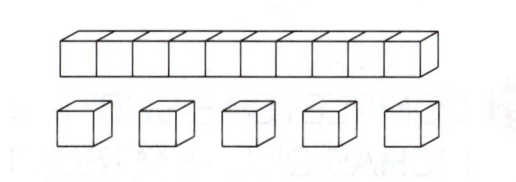

D) 19 – 4 = _____

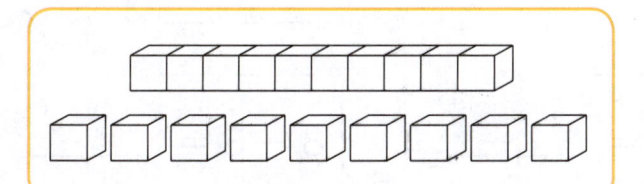

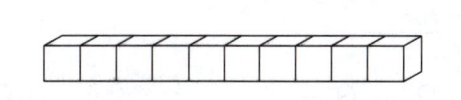

E) 16 – 5 = _____

F) 18 – 7 = _____

G) 19 – 9 = _____

H) 15 – 0 = _____

I) 10 – 10 = _____

6 EFETUE AS SUBTRAÇÕES. OBSERVE O EXEMPLO.

	D	U
	1	5
−		2
	1	3

ROMONT WILLY

A)

DEZENAS	UNIDADES
1	8
−	5

B)

DEZENAS	UNIDADES
1	9
−	3

C)

DEZENAS	UNIDADES
1	4
−	4

D)

DEZENAS	UNIDADES
1	7
−	6

7 COMPLETE AS SUBTRAÇÕES E PINTE DA MESMA COR AS FICHAS QUE TÊM RESULTADO IGUAL.

7 − 3 = ____

9 − 7 = ____

5 − 1 = ____

8 − 6 = ____

9 − 4 = ____

8 − 3 = ____

PROBLEMAS

1) A FAMÍLIA DE MARCELO FOI LANCHAR NO PARQUE. ELES LEVARAM UM CESTO COM 18 FRUTAS. LOGO QUE CHEGARAM, COMERAM 2 MAÇÃS, 1 PERA, 1 LARANJA E 2 BANANAS. RISQUE AS FRUTAS QUE A FAMÍLIA DE MARCELO COMEU E RESPONDA ÀS QUESTÕES.

A) QUANTAS MAÇÃS RESTARAM NO CESTO? _____

B) QUANTAS PERAS RESTARAM NO CESTO? _____

C) QUANTAS LARANJAS RESTARAM NO CESTO?
_____

D) QUANTAS BANANAS RESTARAM NO CESTO?
_____

E) QUANTAS FRUTAS AO TODO A FAMÍLIA DE MARCELO COMEU? _____

F) QUANTAS FRUTAS RESTARAM NO CESTO? _____

2 CARLOS PREPAROU 🥪🥪🥪🥪🥪🥪🥪🥪 SANDUÍCHES PARA COMER COM OS AMIGOS.

ELES CONSUMIRAM 🥪🥪🥪🥪🥪🥪 SANDUÍCHES.

QUANTOS SANDUÍCHES SOBRARAM?

---

3 PARA INICIAR UM JOGO DE TABULEIRO, DIOGO E JUSSARA LANÇARAM DADOS AO MESMO TEMPO. DIOGO OBTEVE O NÚMERO 6 E JUSSARA OBTEVE O NÚMERO 2. QUANTOS PONTOS DIOGO OBTEVE A MAIS QUE JUSSARA?

---

4 EM UMA FEIRA DE ADOÇÃO DE ANIMAIS HAVIA 9 CACHORRINHOS. SABENDO-SE QUE 3 DELES FORAM ADOTADOS, QUANTOS CACHORRINHOS AINDA FICARAM NA FEIRA? LEMBRE-SE: NUNCA ABANDONE OS ANIMAIS!

EFETUANDO ADIÇÕES E SUBTRAÇÕES

ATIVIDADES

1 COMPLETE AS SEQUÊNCIAS DE ACORDO COM AS REGRAS.

A) ADICIONAR SEMPRE 2.

0			6				14

B) SUBTRAIR SEMPRE 3.

21			12				0

2 COMPLETE AS OPERAÇÕES COM O NÚMERO QUE FALTA.

A) 8 + _____ = 9

B) 6 − _____ = 2

C) 3 + _____ = 7

D) 8 − _____ = 8

E) 5 + 4 = _____

F) 3 − 0 = _____

DESAFIO

1 OBSERVE O ÔNIBUS.

HAVIA 9 PASSAGEIROS.	DESCERAM 5.	SUBIRAM 2.

QUANTOS PASSAGEIROS FICARAM NO ÔNIBUS?

_____

BRINCANDO

1 DIVIRTA-SE JOGANDO "ROLETA DA SUBTRAÇÃO".

MATERIAL:
- ROLETA;
- CARTELA;
- LÁPIS.

COMO JOGAR

1. GIRE A ROLETA DUAS VEZES E COMPARE OS DOIS NÚMEROS SORTEADOS. INFORME AOS COLEGAS QUAIS SÃO ESSES NÚMEROS E QUAL DELES É MAIOR.
2. REGISTRE O MAIOR NÚMERO SORTEADO NO PRIMEIRO QUADRINHO DA PRIMEIRA SUBTRAÇÃO DA CARTELA. O MENOR NÚMERO DEVE SER REGISTRADO NO SEGUNDO QUADRINHO DA MESMA CONTA.
3. EFETUE A SUBTRAÇÃO MONTADA. TODOS OS COLEGAS TAMBÉM DEVEM FAZER A SUBTRAÇÃO QUE VOCÊ FORMOU.
4. NA SEQUÊNCIA, OUTRO COLEGA DEVE REPETIR O MESMO PROCESSO ATÉ A CARTELA ESTAR TOTALMENTE PREENCHIDA.
5. QUANDO TODAS AS SUBTRAÇÕES ESTIVEREM RESOLVIDAS, COMPARE SUA CARTELA COM A CARTELA DE UM COLEGA.

DINHEIRO

UNIDADE 8

DONA SILVANA FOI COMPRAR MATERIAIS ESCOLARES PARA SOFIA E RAFAEL.

O DINHEIRO É UM INSTRUMENTO DE PAGAMENTO. EXISTEM DIVERSAS FORMAS DE FAZER COMPRAS OU PAGAR CONTAS, POR EXEMPLO: USAR CARTÃO, CHEQUE, NOTAS E MOEDAS. AGORA, VAMOS CONHECER AS CÉDULAS DE NOSSO DINHEIRO.

CADA PAÍS OU GRUPO DE PAÍSES TEM SEU PRÓPRIO DINHEIRO. O DINHEIRO USADO NO BRASIL É O **REAL**.
PARA VALORES MENORES QUE UM REAL, USAMOS O **CENTAVO**. POR EXEMPLO: 2 MOEDAS DE 50 CENTAVOS TÊM O MESMO VALOR DE UMA MOEDA DE 1 REAL; 10 MOEDAS DE 10 CENTAVOS TÊM O MESMO VALOR DE UMA MOEDA DE 1 REAL.
VEJA A SEGUIR AS CÉDULAS E MOEDAS DE REAL.

IMAGENS: BANCO CENTRAL DO BRASIL

CEM REAIS

CINQUENTA REAIS

VINTE REAIS

DEZ REAIS

CINCO REAIS

DOIS REAIS

UM REAL

CINQUENTA CENTAVOS

VINTE E CINCO CENTAVOS

DEZ CENTAVOS

CINCO CENTAVOS

UM CENTAVO

ATIVIDADES

1 VEJA O DINHEIRO QUE RENATO JUNTOU.

ELE QUER COMPRAR UMA CAMISETA E UMA BERMUDA. PINTE AS PEÇAS DE ROUPA QUE RENATO PODE COMPRAR COM O DINHEIRO QUE JUNTOU.

2 CONTORNE AS MOEDAS PARA FORMAR UM REAL.

3 DESCUBRA A QUANTIA DE CADA UM E, DEPOIS, COMPARE-AS.

ANSELMO: _____

PAULO: _____

MARIANE: _____

ÉRICA: _____

A) QUEM TEM A QUANTIA MAIOR? _____

B) QUEM TEM A QUANTIA MENOR? _____

C) HÁ PESSOAS COM QUANTIAS IGUAIS? QUEM? QUAL É O VALOR?
_____

4 OBSERVE O GRÁFICO E VEJA A QUANTIA DE CADA AMIGO.

QUANTIA DE CADA AMIGO

FONTE: DADOS FICTÍCIOS.

A) QUANTOS REAIS CADA AMIGO TEM?
_____
_____

B) QUAL DELES TEM A MAIOR QUANTIA?
_____
_____

5 LIGUE AS QUANTIAS IGUAIS.

6 OBSERVE A QUANTIA DOS PRIMOS VICTOR E SABRINA E MARQUE UM **X** NA OPÇÃO CORRETA.

A) ELES TÊM QUANTIAS DIFERENTES DE DINHEIRO.

☐ CERTO ☐ ERRADO

B) VICTOR TEM MAIS DINHEIRO QUE SABRINA.

☐ CERTO ☐ ERRADO

C) SABRINA PODERIA TROCAR SUA CÉDULA POR 2 CÉDULAS DE 5 REAIS.

☐ CERTO ☐ ERRADO

DESAFIO

1 JAIRO, LUCIANO E ANDRESSA ESTÃO JUNTANDO MOEDAS DE 1 REAL EM COFRINHOS. JAIRO CONSEGUIU JUNTAR 3 REAIS ATÉ AGORA. DESCUBRA QUANTO LUCIANO E ANDRESSA TÊM JUNTOS E PINTE O COFRINHOS DELES.

PROBLEMAS

1) EMANUEL TRABALHA EM UM RESTAURANTE. ELE RECEBE [R$ 10 + R$ 10] DE COMISSÃO A CADA MESA QUE ATENDE.

A) QUANTO ELE GANHARÁ SE ATENDER UMA MESA?

_____

B) UTILIZANDO SOMENTE CÉDULAS DE 10, 20 E 50 REAIS, DESENHE NO QUADRO ABAIXO AS CÉDULAS QUE EMANUEL GANHARÁ SE ATENDER 3 MESAS.

┌─────────────────────────────────────┐
│   │
│   │
│   │
└─────────────────────────────────────┘

C) NO SÁBADO, O PROPRIETÁRIO DO RESTAURANTE DEU A EMANUEL [R$ 20 + R$ 20] POR ELE TER ATENDIDO 2 MESAS. ESSA QUANTIA ESTÁ CORRETA?

_____

2) GABRIELA GANHOU 37 REAIS DE MESADA E QUER COMPRAR UM BRINQUEDO QUE CUSTA 35 REAIS.

A) O DINHEIRO QUE ELA RECEBEU DE MESADA SERÁ SUFICIENTE PARA COMPRAR O BRINQUEDO?

_____

B) SOBRARÁ ALGUM VALOR? QUANTO?

_____

PESQUISANDO

1) PESQUISE EM JORNAIS, REVISTAS E FOLHETOS DE SUPERMERCADO, RECORTE E COLE NOS ESPAÇOS ABAIXO PRODUTOS QUE TENHAM:

A) PREÇO MENOR QUE 1 CÉDULA DE ;

B) PREÇO MAIOR QUE 1 CÉDULA DE .

IMAGENS: BANCO CENTRAL DO BRASIL

BRINCANDO

1 É HORA DO JOGO DA COMPRA!

1. REÚNA-SE COM TRÊS COLEGAS PARA JOGAR.
2. PARA ESTE JOGO, VOCÊ PRECISARÁ DAS CÉDULAS E MOEDAS QUE RECORTOU DAS **PÁGINAS 171** E **173**.
3. OS GRUPOS SERÃO COMPRADORES E CADA UM DEVERÁ ESCOLHER UM NOME PARA REPRESENTÁ-LO.
4. O PROFESSOR ESCREVERÁ, NA LOUSA, O NOME DE UM PRODUTO E O VALOR DELE.
5. USANDO AS CÉDULAS E MOEDAS, OS GRUPOS TÊM DE FORMAR O VALOR DO PRODUTO ESCRITO NA LOUSA PARA PODER COMPRÁ-LO. O GRUPO QUE FORMAR O VALOR PRIMEIRO LEVANTA A MÃO E DIZ: **O GRUPO TAL (NOME ESCOLHIDO PELO GRUPO) TEM ESSE VALOR E QUER COMPRAR O PRODUTO**.
6. O PROFESSOR VAI CONFERIR. SE O VALOR ESTIVER CORRETO, ESSE GRUPO RECEBERÁ UMA FICHA COM O NOME DO PRODUTO.
7. VENCE O GRUPO QUE COMPRAR MAIS PRODUTOS.

PEQUENO CIDADÃO

ECONOMIA E SUSTENTABILIDADE

UM JEITO DE ECONOMIZAR DINHEIRO E CONSUMIR DE MANEIRA CONSCIENTE É REUTILIZAR OBJETOS.

REUTILIZAR É USAR DE MANEIRA DIFERENTE COISAS QUE JÁ FORAM USADAS ANTES.

HELENA REUTILIZA EMBALAGENS DE ALGUNS PRODUTOS E AS PERSONALIZA COM RETALHOS DE TECIDO, PEDAÇOS DE FITA E ENFEITES.

DEPOIS, ELA USA ESSAS EMBALAGENS PARA GUARDAR OBJETOS, CULTIVAR PLANTAS OU PRESENTEAR ALGUMAS PESSOAS.

AGORA QUE VOCÊ JÁ SABE O QUE É REUTILIZAR, SEJA CRIATIVO E, COM A AJUDA DO PROFESSOR, REUTILIZE UMA EMBALAGEM.

UNIDADE 9

MEDIDAS

COMPRIMENTO

A MÃE DE DIOGO PRECISA DE FITA PARA ENFEITAR UMA EMBALAGEM QUE REUTILIZOU.

DIOGO, POR FAVOR, VÁ ATÉ A LOJA DE DONA JACI COMPRAR FITA.

AINDA BEM QUE A LOJA É PERTO, FICA A 50 METROS DE CASA. ASSIM VOLTO LOGO PARA BRINCAR COM O LEX.

QUANTO VOCÊ QUER DE FITA?

QUERO 30 CENTÍMETROS.

OBRIGADA, DIOGO. A CAIXA FICOU LINDA!

O **METRO** E O **CENTÍMETRO** SÃO UNIDADES DE MEDIDA DE COMPRIMENTO.

PARA MEDIR COMPRIMENTO, NÓS USAMOS VÁRIOS INSTRUMENTOS. VEJA:

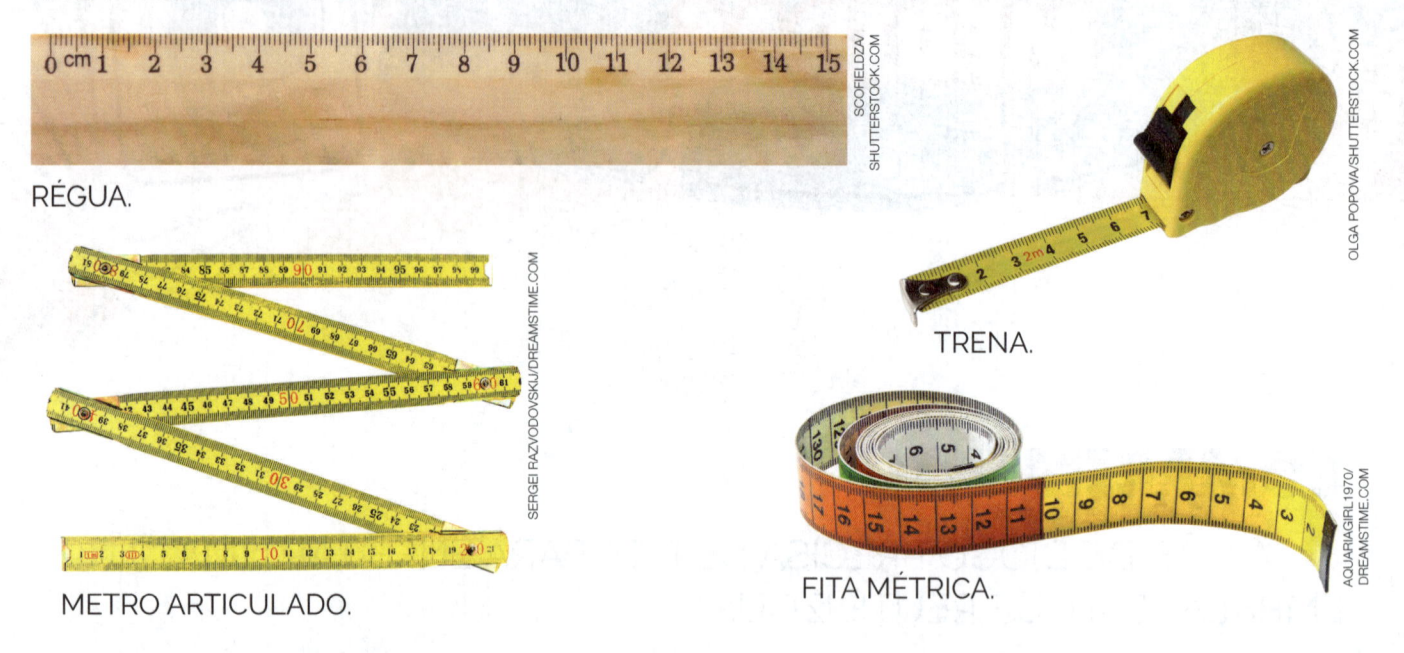

RÉGUA.

METRO ARTICULADO.

TRENA.

FITA MÉTRICA.

ATIVIDADES

1 PINTE O QUE COMPRAMOS POR METRO.

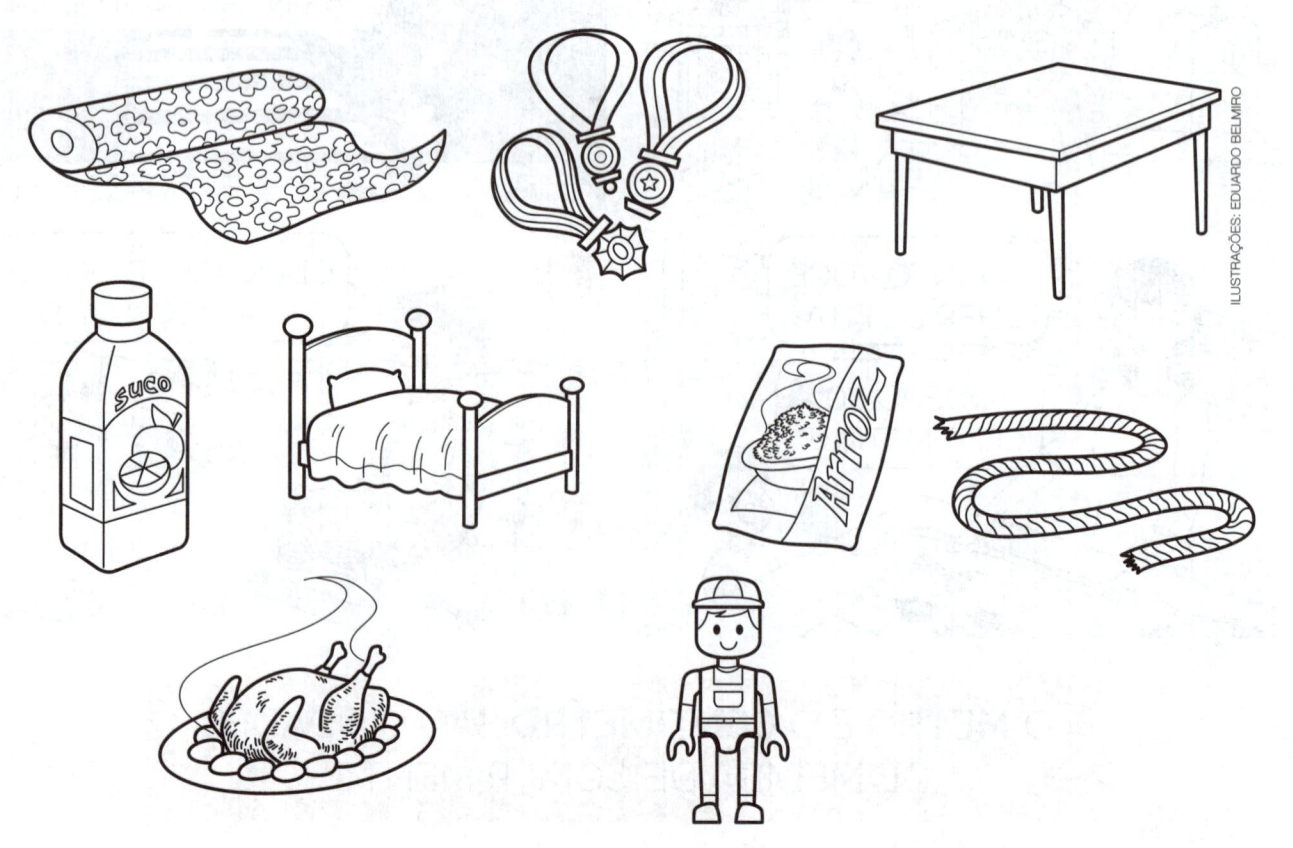

2 COM A AJUDA DO PROFESSOR, USE UMA RÉGUA PARA MEDIR O COMPRIMENTO DOS OBJETOS A SEGUIR E ANOTE AS MEDIDAS.

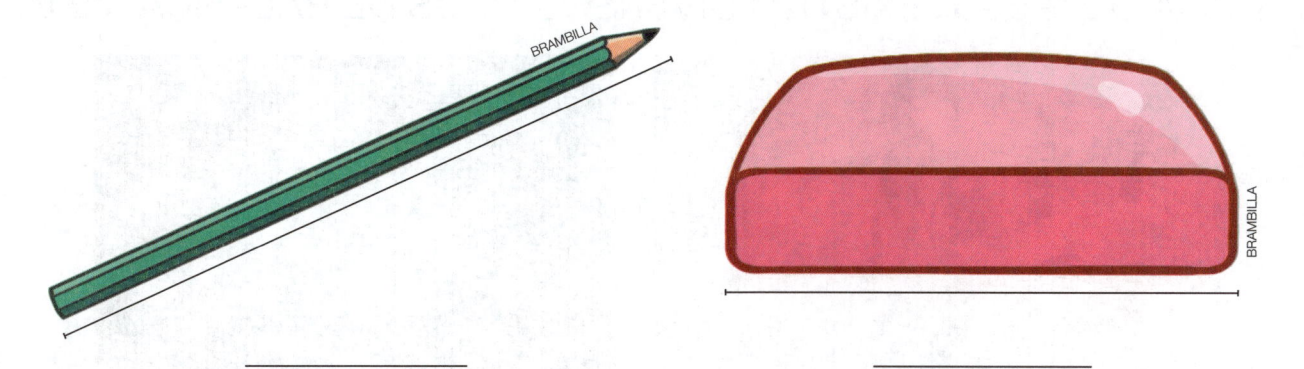

3 OBSERVE AS MEDIDAS DA ALTURA DE DOIS CÃES EM CENTÍMETROS E ANOTE-AS NOS QUADROS CORRESPONDENTES.

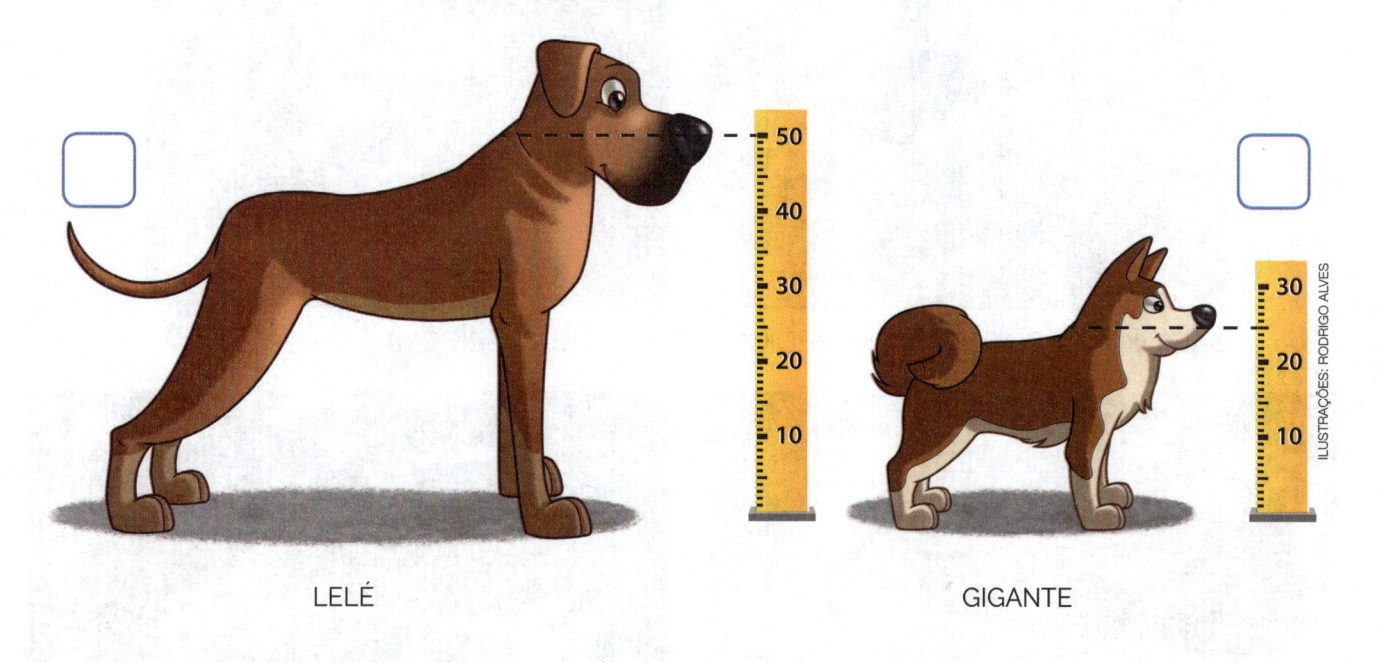

LELÉ

GIGANTE

AGORA RESPONDA:

A) QUAL DOS DOIS CÃES É O MAIS ALTO? _____

B) QUAL CÃO TEM MENOS DE 30 CENTÍMETROS DE ALTURA?
_____

C) QUAL CÃO TEM MAIS DE 45 CENTÍMETROS DE ALTURA?
_____

MASSA

A BALANÇA É O INSTRUMENTO QUE USAMOS PARA MEDIR MASSA OU "PESO". EXISTEM DIVERSOS TIPOS DE BALANÇA. VEJA:

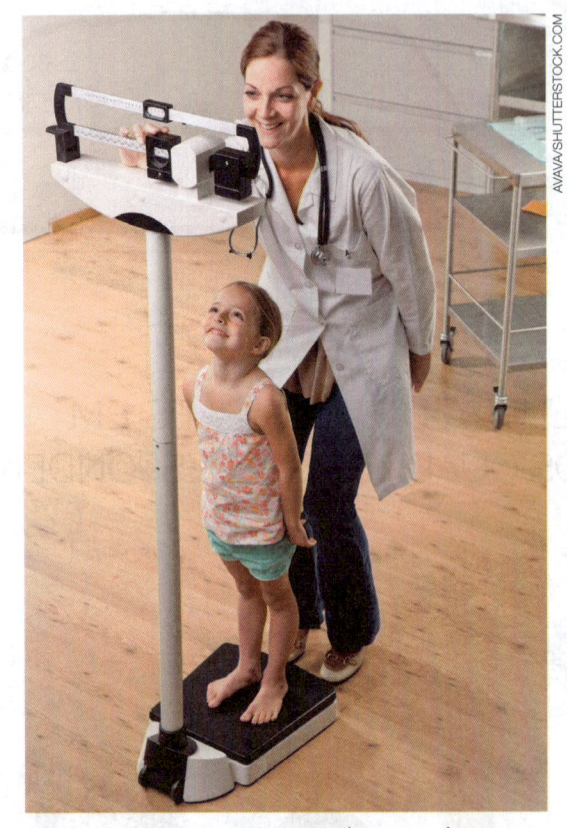

BALANÇA DE CONSULTÓRIO MÉDICO.

BALANÇA AGRÍCOLA.

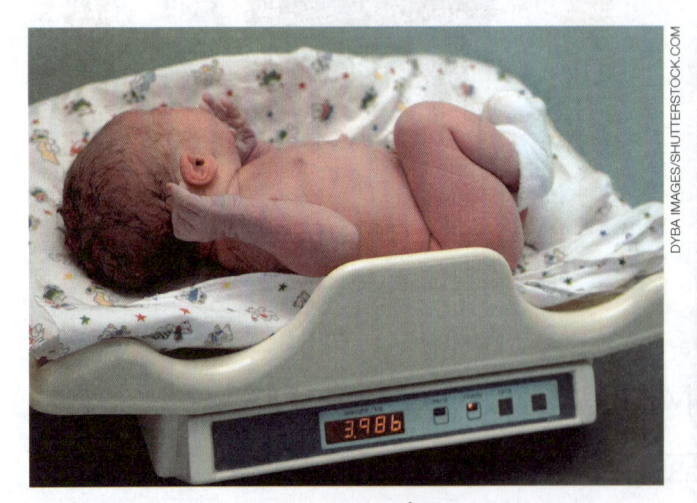

BALANÇA PARA PESAR BEBÊS.

BALANÇA PARA PESAR ALIMENTOS.

O QUILOGRAMA (OU QUILO) E O GRAMA SÃO UNIDADES DE MEDIDA DE MASSA.

ATIVIDADES

1 LECA FOI AO MERCADO FAZER COMPRAS. VEJA OS PRODUTOS QUE ELA COMPROU E CONTORNE AQUELES QUE SÃO VENDIDOS POR QUILOGRAMA.

2 OBSERVE AS FRUTAS A SEGUIR E RESPONDA ÀS PERGUNTAS.

A) QUAL DELAS É A MAIS PESADA?

_____

B) QUAL É A MAIS LEVE?

_____

PESQUISANDO

1 PROCURE EM JORNAIS E REVISTAS FOTOGRAFIAS DE ANIMAIS. DAS IMAGENS QUE ENCONTRAR, ESCOLHA UMA QUE, PARA VOCÊ, REPRESENTA O ANIMAL MAIS PESADO E OUTRA QUE REPRESENTA O ANIMAL MAIS LEVE. RECORTE-AS E COLE-AS NO ESPAÇO A SEGUIR. DEPOIS, COMPARE AS IMAGENS QUE VOCÊ ENCONTROU COM AS DOS COLEGAS.

2 COLE OU DESENHE ANIMAIS, PESSOAS E OBJETOS QUE, EM SUA OPINIÃO, SÃO MAIS PESADOS QUE VOCÊ.

CAPACIDADE

PARA FAZER SUCO PARA O LANCHE DOS NETOS, DONA BABI USA 2 LITROS DE ÁGUA E 2 MARACUJÁS.

A QUANTIDADE MÁXIMA DE LÍQUIDO QUE CABE EM UM RECIPIENTE É A CAPACIDADE DELE. O **LITRO** É UMA UNIDADE DE MEDIDA DE CAPACIDADE.

AGORA, RESPONDA:
- SE DONA BABI TIVESSE 4 MARACUJÁS PARA FAZER SUCO, QUANTOS LITROS DE ÁGUA ELA USARIA? _____
- E DE QUANTOS MARACUJÁS ELA PRECISARIA SE USASSE 3 LITROS DE ÁGUA? _____

ATIVIDADES

1 DESENHE PEIXINHOS NO AQUÁRIO QUE CABE MAIS ÁGUA.

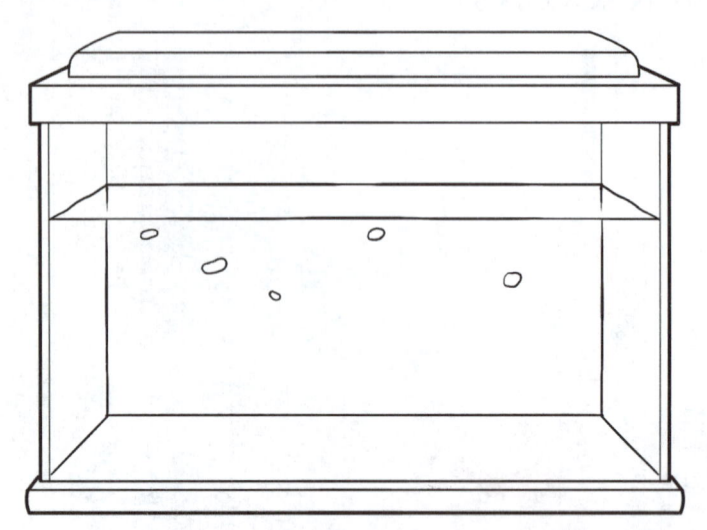

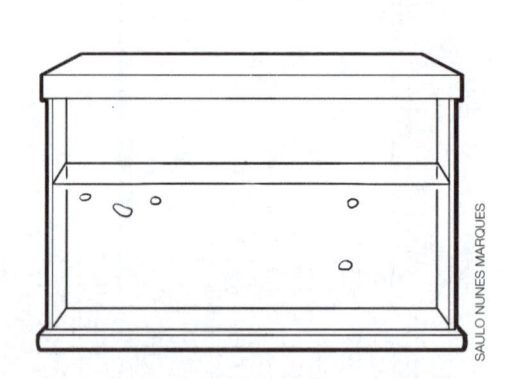

2 CONTORNE OS PRODUTOS QUE COMPRAMOS POR LITRO.

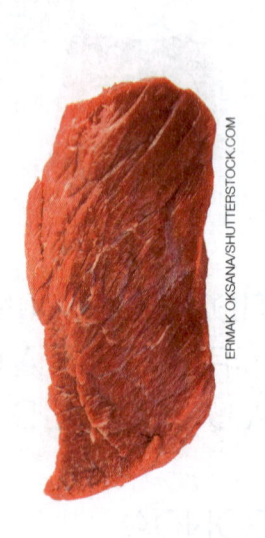

3 MARQUE UM **X** NO RECIPIENTE QUE TEM MENOR CAPACIDADE.

4 MALU COLOCOU A ÁGUA DE UM COPO NA JARRA. VEJA COMO A JARRA FICOU.

CONTORNE A QUANTIDADE DE COPOS COM ÁGUA QUE VOCÊ ACHA QUE MALU AINDA DEVE DESPEJAR PARA ENCHER A JARRA.

PEQUENO CIDADÃO

XUÁ... XUÊ...

XUÁ, XUÁ, XUÁ, ÁGUA PRA MOLHAR
XUÊ, XUÊ, XUÊ, ÁGUA PRA BEBER
XUÍ, XUÍ, XUÍ, QUE VONTADE DE FAZER XIXI!

A ÁGUA DO PLANETA SERVE PARA TANTA COISA...
MAS JÁ PENSOU SE UM DIA ELA ACABAR?

E PRA REFRESCAR DO CALOR?
E PRA REGAR UMA FLOR?
AI, QUE TEMOR!

É HORA DE SE CONSCIENTIZAR E ECONOMIZAR
PRA ÁGUA NUNCA FALTAR!

TEXTO PRODUZIDO ESPECIALMENTE PARA ESTA OBRA.

A ÁGUA É INDISPENSÁVEL PARA NOSSA VIDA! POR ISSO, DEVEMOS SABER USAR SEM DESPERDIÇAR. PARA NÃO FALTAR É IMPORTANTE ECONOMIZAR!

DESENHE ATITUDES QUE AJUDAM A ECONOMIZAR ÁGUA.

TEMPO

O RELÓGIO MOSTRA A HORA,
O CALENDÁRIO MOSTRA O DIA.
VÊ SE NÃO DEMORA,
RAPIDINHO, JÁ É DIA.

TEXTO ESCRITO ESPECIALMENTE PARA ESTA OBRA.

ANTIGAMENTE, O SER HUMANO OBSERVAVA A NATUREZA PARA MEDIR O TEMPO. COM O PASSAR DOS ANOS, FORAM CRIADOS INSTRUMENTOS PARA ISSO. VEJA ALGUNS DELES A SEGUIR.

RELÓGIO ANALÓGICO.

AMPULHETA.

CALENDÁRIO.

O RELÓGIO

O **RELÓGIO** É UM INSTRUMENTO USADO PARA MEDIR O TEMPO.

O PONTEIRO MENOR MARCA AS **HORAS**.
O PONTEIRO MAIOR MARCA OS **MINUTOS**.
QUANDO O PONTEIRO MAIOR ESTÁ APONTANDO PARA O 12, O PONTEIRO MENOR INDICA AS HORAS EXATAS.

O RELÓGIO AO LADO MARCA 5 HORAS.

TAMBÉM EXISTE O RELÓGIO DIGITAL, QUE NÃO TEM PONTEIROS. VEJA AO LADO COMO ELE MARCA A HORA.

ATIVIDADES

1 ESCREVA AS HORAS INDICADAS NOS RELÓGIOS.

A)

B)

C)

_____   _____   _____

2 DESENHE OS PONTEIROS NOS RELÓGIOS ABAIXO PARA INDICAR A HORA EM QUE VOCÊ:

A) ACORDA;

B) VAI À ESCOLA;

C) ALMOÇA;

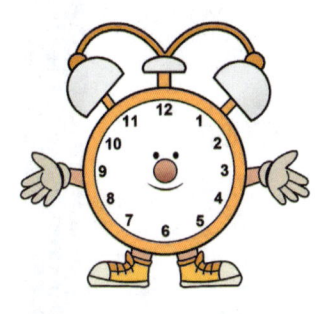

D) VAI DORMIR.

O CALENDÁRIO

PARA MARCAR OS DIAS, AS SEMANAS E OS MESES USAMOS O **CALENDÁRIO**.

VEJA O CALENDÁRIO DO ANO DE 2021.

CALENDÁRIO 2021

JANEIRO
D	S	T	Q	Q	S	S
					1	2
3	4	5	6	7	8	9
10	11	12	13	14	15	16
17	18	19	20	21	22	23
24	25	26	27	28	29	30
31						

FEVEREIRO
D	S	T	Q	Q	S	S
	1	2	3	4	5	6
7	8	9	10	11	12	13
14	15	16	17	18	19	20
21	22	23	24	25	26	27
28						

MARÇO
D	S	T	Q	Q	S	S
	1	2	3	4	5	6
7	8	9	10	11	12	13
14	15	16	17	18	19	20
21	22	23	24	25	26	27
28	29	30	31			

ABRIL
D	S	T	Q	Q	S	S
				1	2	3
4	5	6	7	8	9	10
11	12	13	14	15	16	17
18	19	20	21	22	23	24
25	26	27	28	29	30	

MAIO
D	S	T	Q	Q	S	S
						1
2	3	4	5	6	7	8
9	10	11	12	13	14	15
16	17	18	19	20	21	22
23	24	25	26	27	28	29
30	31					

JUNHO
D	S	T	Q	Q	S	S
		1	2	3	4	5
6	7	8	9	10	11	12
13	14	15	16	17	18	19
20	21	22	23	24	25	26
27	28	29	30			

JULHO
D	S	T	Q	Q	S	S
				1	2	3
4	5	6	7	8	9	10
11	12	13	14	15	16	17
18	19	20	21	22	23	24
25	26	27	28	29	30	31

AGOSTO
D	S	T	Q	Q	S	S
1	2	3	4	5	6	7
8	9	10	11	12	13	14
15	16	17	18	19	20	21
22	23	24	25	26	27	28
29	30	31				

SETEMBRO
D	S	T	Q	Q	S	S
			1	2	3	4
5	6	7	8	9	10	11
12	13	14	15	16	17	18
19	20	21	22	23	24	25
26	27	28	29	30		

OUTUBRO
D	S	T	Q	Q	S	S
					1	2
3	4	5	6	7	8	9
10	11	12	13	14	15	16
17	18	19	20	21	22	23
24	25	26	27	28	29	30
31						

NOVEMBRO
D	S	T	Q	Q	S	S
	1	2	3	4	5	6
7	8	9	10	11	12	13
14	15	16	17	18	19	20
21	22	23	24	25	26	27
28	29	30				

DEZEMBRO
D	S	T	Q	Q	S	S
			1	2	3	4
5	6	7	8	9	10	11
12	13	14	15	16	17	18
19	20	21	22	23	24	25
26	27	28	29	30	31	

ATIVIDADES

1 UMA SEMANA TEM 7 DIAS.

1º DIA	DOMINGO
2º DIA	SEGUNDA-FEIRA
3º DIA	TERÇA-FEIRA
4º DIA	QUARTA-FEIRA
5º DIA	QUINTA-FEIRA
6º DIA	SEXTA-FEIRA
7º DIA	SÁBADO

A) QUE DIA É HOJE?

_____

B) QUE DIA DA SEMANA FOI ONTEM?

_____

C) E QUE DIA SERÁ AMANHÃ?

_____

D) QUAIS SÃO OS DIAS DA SEMANA EM QUE VOCÊ VEM À ESCOLA?

_____

_____

E) EM QUAIS DIAS DA SEMANA VOCÊ TEM AULA DE MATEMÁTICA?

_____

_____

2 COMPLETE A SEQUÊNCIA COM O NOME DOS MESES DO ANO SEGUINDO A ORIENTAÇÃO DAS SETAS.

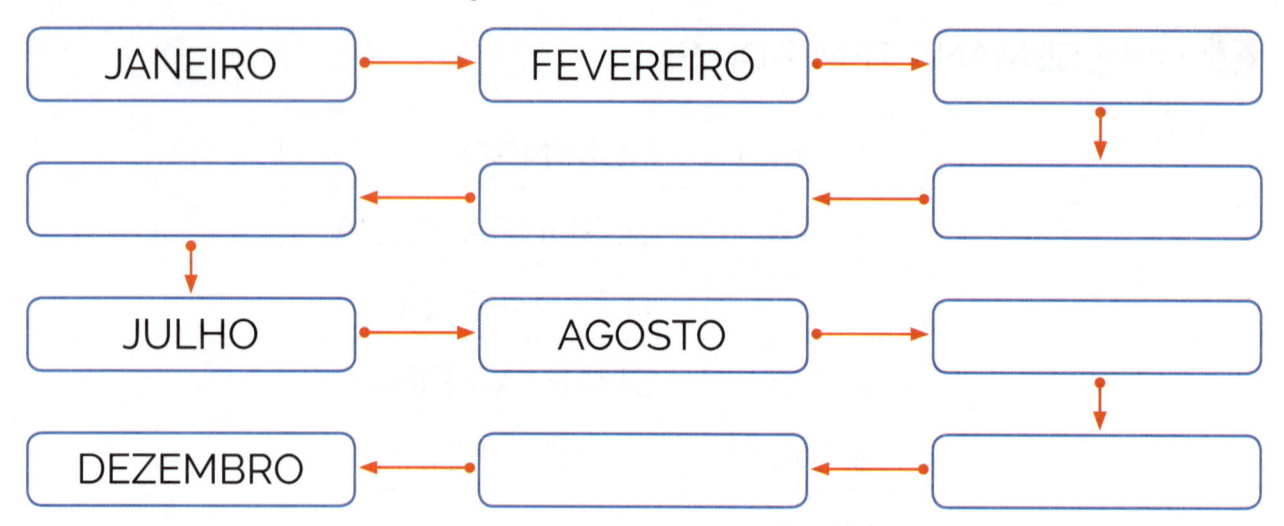

JANEIRO → FEVEREIRO → ☐

☐ ← ☐ ← ☐

JULHO → AGOSTO → ☐

DEZEMBRO ← ☐ ← ☐

3 NA FOLHA DE CALENDÁRIO A SEGUIR, ESCREVA O NOME DO MÊS EM QUE VOCÊ NASCEU. CONSULTE O CALENDÁRIO DO ANO ATUAL PARA PREENCHER OS QUADRINHOS COM OS DIAS. DEPOIS, MARQUE UM **X** NO DIA DE SEU ANIVERSÁRIO.

MÊS _____

D	S	T	Q	Q	S	S

PESQUISANDO

1 PERGUNTE AOS COLEGAS DA TURMA O MÊS DE ANIVERSÁRIO DELES E PINTE NO GRÁFICO ABAIXO UM QUADRINHO CORRESPONDENTE À RESPOSTA DE CADA ALUNO. INCLUA O MÊS DE SEU ANIVERSÁRIO.

ANIVERSARIANTES

QUANTIDADE DE ALUNOS

JANEIRO, FEVEREIRO, MARÇO, ABRIL, MAIO, JUNHO, JULHO, AGOSTO, SETEMBRO, OUTUBRO, NOVEMBRO, DEZEMBRO

MÊS

FONTE: DADOS OBTIDOS POR MEIO DA PESQUISA COM A TURMA.

2 OBSERVE O RESULTADO DE SUA PESQUISA E RESPONDA:

A) QUAL É O MÊS COM MAIS ANIVERSARIANTES?

B) QUAL É O MÊS COM MENOS ANIVERSARIANTES?

C) ALGUM MÊS NÃO FOI CITADO? QUAL?

D) QUANTOS ALUNOS FAZEM ANIVERSÁRIO NO MESMO MÊS QUE VOCÊ?

E) HOUVE MESES COM A MESMA QUANTIDADE DE ANIVERSARIANTES? QUAIS FORAM ESSES MESES?

BRINCANDO

1 EM ALGUNS LUGARES É FEITA A COLETA SELETIVA DE LIXO. VEJA A SEGUIR AS CORES DAS LIXEIRAS E O QUE DEVE SER DESCARTADO EM CADA UMA DELAS.

RECORTE AS IMAGENS DA **PÁGINA 175** E COLE-AS NA LIXEIRA CORRESPONDENTE.

PAPEL   PLÁSTICO   METAL   ORGÂNICO   VIDRO

PROBABILIDADE E ESTATÍSTICA

UNIDADE 10

CARLINHOS E LUANA ESTÃO BRINCANDO DE AMARELINHA. VAMOS PENSAR EM ALGUMAS POSSIBILIDADES DE JOGADA E VERIFICAR SE ELAS PODEM OU NÃO OCORRER:

É POSSÍVEL LUANA JOGAR A PEDRINHA EM UMA CASA QUE TENHA UM NÚMERO DE 1 ATÉ 10.

É IMPOSSÍVEL LUANA JOGAR A PEDRINHA EM UMA CASA QUE TENHA UM NÚMERO MAIOR DO QUE 10.

TALVEZ LUANA JOGUE A PEDRINHA E CAIA NA CASA DE NÚMERO 5.

QUANDO DIZEMOS QUE É **POSSÍVEL** SIGNIFICA QUE HÁ CHANCES DE ALGO ACONTECER. QUANDO DIZEMOS **IMPOSSÍVEL** SIGNIFICA QUE NÃO EXISTE NENHUMA CHANCE DE ALGO ACONTECER. QUANDO DIZEMOS **TALVEZ** SIGNIFICA QUE PODE SER QUE ACONTEÇA OU NÃO.

ATIVIDADES

1 LIGUE AS PALAVRAS QUE COMPLETAM AS LACUNAS DAS FRASES SOBRE O LANÇAMENTO DE UM DADO COMUM.

_____ NA FACE DO DADO VIRADA PARA CIMA HAVERÁ UM NÚMERO DE 1 A 6.

IMPOSSÍVEL

É _____ TER UM NÚMERO MAIOR QUE 6 NA FACE DO DADO VIRADA PARA CIMA.

TALVEZ

_____ O NÚMERO 2 ESTEJA NA FACE DO DADO VIRADA PARA CIMA.

COM CERTEZA

2 MARTA QUER ENSINAR ALGUMAS COISAS PARA SEU GATINHO DE ESTIMAÇÃO. ASSINALE A FRASE QUE AFIRMA ALGO IMPOSSÍVEL DE O GATINHO APRENDER.

BEBER LEITE NO POTINHO. ☐

SUBIR NA JANELA. ☐

BRINCAR COM A BOLINHA. ☐

FALAR COM O RATO. ☐

FAZER XIXI NO LOCAL CERTO. ☐

3 JOSÉ ESTÁ BRINCANDO COM JUREMA DE ADIVINHAR A COR DAS BOLINHAS.

A) JUREMA TEM MAIS CHANCES DE TIRAR UMA BOLINHA DE QUAL COR?

_____

B) COM CERTEZA JUREMA VAI TIRAR UMA BOLA AZUL?

_____

C) É POSSÍVEL JUREMA TIRAR UMA BOLA AMARELA?

_____

D) É POSSÍVEL JUREMA TIRAR UMA BOLA VERMELHA?

_____

E) É IMPOSSÍVEL JUREMA TIRAR UMA BOLA AMARELA?

_____

4 LEIA CADA AFIRMAÇÃO E FAÇA UM **X** PARA INDICAR SE É POSSÍVEL OU IMPOSSÍVEL.

A) SENTIR CALOR EM UM DIA DE VERÃO.

☐ POSSÍVEL ☐ IMPOSSÍVEL

B) UM CARRO ANDAR NO FUNDO DO MAR.

☐ POSSÍVEL ☐ IMPOSSÍVEL

C) UM CACHORRO FALAR.

☐ POSSÍVEL ☐ IMPOSSÍVEL

5 DESENHE NOS BOXES A SEGUIR:

A) ALGO QUE ACONTECE **COM CERTEZA** COM VOCÊ;

B) ALGO QUE **TALVEZ** ACONTEÇA COM VOCÊ;

C) ALGO **IMPOSSÍVEL** DE ACONTECER COM VOCÊ.

BRINCANDO

1 VAMOS JOGAR DADOS!

1. JUNTE-SE A UM COLEGA. EM CADA RODADA, CADA UM DEVE JOGAR DOIS DADOS.

2. MAS, ANTES DE COMEÇAR A JOGAR, RESPONDA:
- SOMANDO OS PONTOS DOS DOIS DADOS VOCÊ PODE MARCAR 10 PONTOS?

_____

- E 15 PONTOS?

_____

- ALGUÉM PODE JOGAR OS DADOS E MARCAR UM PONTO?

_____

3. AGORA, ANOTE NO QUADRO A SEGUIR OS PONTOS QUE VOCÊ FEZ EM CADA RODADA.

1ª RODADA	2ª RODADA	3ª RODADA	4ª RODADA

LUCILA PENSOU EM UMA MANEIRA DE ORGANIZAR A QUANTIDADE DOS VEGETAIS QUE COLHE EM SUA HORTA TODA SEMANA.

ELA AGRUPOU POR TIPO DE VERDURA OU DE LEGUME.

LUCILA CONTOU AS UNIDADES DE CADA VEGETAL E REGISTROU AS QUANTIDADES EM UM PAPEL QUADRICULADO.

DEPOIS, ELA CONTOU AS QUANTIDADES E REGISTROU EM UMA TABELA. VEJA COMO FICOU.

VEGETAL	QUANTIDADE
ALFACE	3
CENOURA	6
COUVE-FLOR	5
BETERRABA	2

ATIVIDADES

1 MURILO TRABALHA EM UMA LOJA DE BRINQUEDOS. AJUDE MURILO A CONTAR QUANTOS BRINQUEDOS DE CADA TIPO EXISTEM NA LOJA.

AGORA, COMPLETE A TABELA COM AS QUANTIDADES DE BRINQUEDO.

BRINQUEDO	QUANTIDADE
(boneca)	
(carro)	
(caixa de mágicas)	
(bicicleta)	

2 NÁDIA VAI FAZER UMA PULSEIRA COLORIDA. VEJA QUANTAS MIÇANGAS DE CADA COR ELA VAI USAR.

MIÇANGA	QUANTIDADE
azul	5
amarela	6
verde	8
vermelha	7

PINTE A SEGUIR AS MIÇANGAS DE QUE ELA PRECISA.

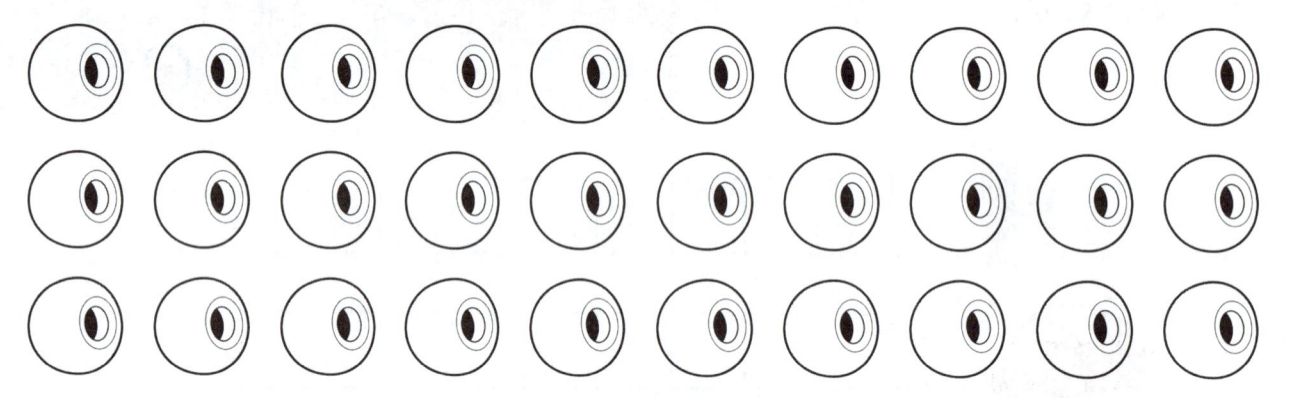

3 OBSERVE O AQUÁRIO COM PEIXINHOS E PINTE NO GRÁFICO UM QUADRINHO PARA CADA PEIXINHO.

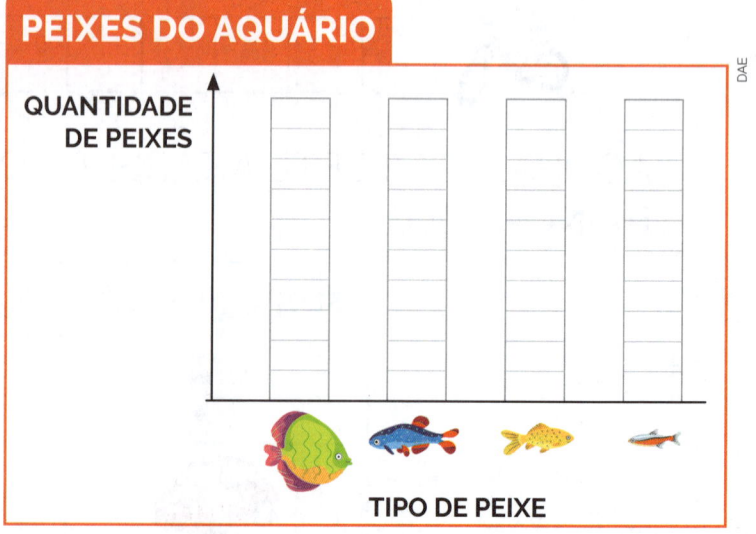

PEIXES DO AQUÁRIO

QUANTIDADE DE PEIXES

TIPO DE PEIXE

FONTE: DADOS COLETADOS COM BASE NA ILUSTRAÇÃO.

CIRCULE NO GRÁFICO O PEIXE QUE APARECE EM MENOR QUANTIDADE NO AQUÁRIO E FAÇA UM **X** NO PEIXE QUE APARECE EM MAIOR QUANTIDADE.

PEQUENO CIDADÃO

SUSTENTABILIDADE

VEJA A QUANTIDADE DE ÁRVORES DE CADA TIPO QUE AS CRIANÇAS PLANTARAM NA CAMPANHA DE REFLORESTAMENTO DA ESCOLA.

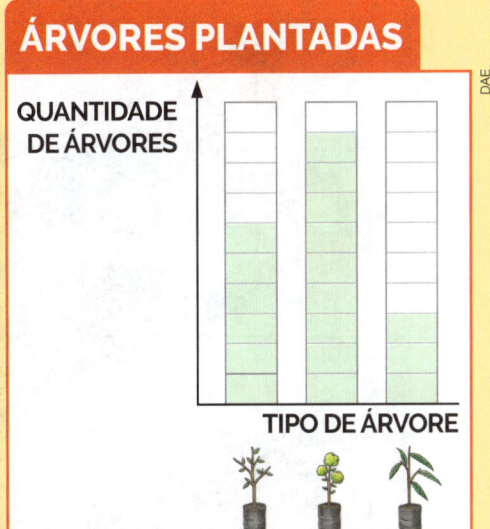

ÁRVORES PLANTADAS

FONTE: DADOS COLETADOS PELAS CRIANÇAS.

COMPLETE O QUADRO COM AS QUANTIDADES PLANTADAS DE CADA ÁRVORE.

ÁRVORE	QUANTIDADE

SAIBA MAIS

VOCÊ SABIA QUE AS ÁRVORES DIMINUEM A POLUIÇÃO DO AR, ALÉM DOS RUÍDOS E BARULHOS?

DISCUTA COM OS COLEGAS A IMPORTÂNCIA DAS ÁRVORES.

BRINQUE MAIS

1 OBSERVE OS VEÍCULOS DO ESTACIONAMENTO DE SEU ZILU.

A) CIRCULE DE AZUL OS VEÍCULOS QUE TÊM QUATRO RODAS.
B) COM QUANTOS ELEMENTOS FICOU ESSE AGRUPAMENTO?

_____

C) CIRCULE DE VERDE OS VEÍCULOS QUE TÊM DUAS RODAS.
D) COM QUANTOS ELEMENTOS FICOU ESSE AGRUPAMENTO?

_____

E) QUANTOS VEÍCULOS HÁ AO TODO NO ESTACIONAMENTO DE SEU ZILU?

_____

2 OBSERVE A CENA.

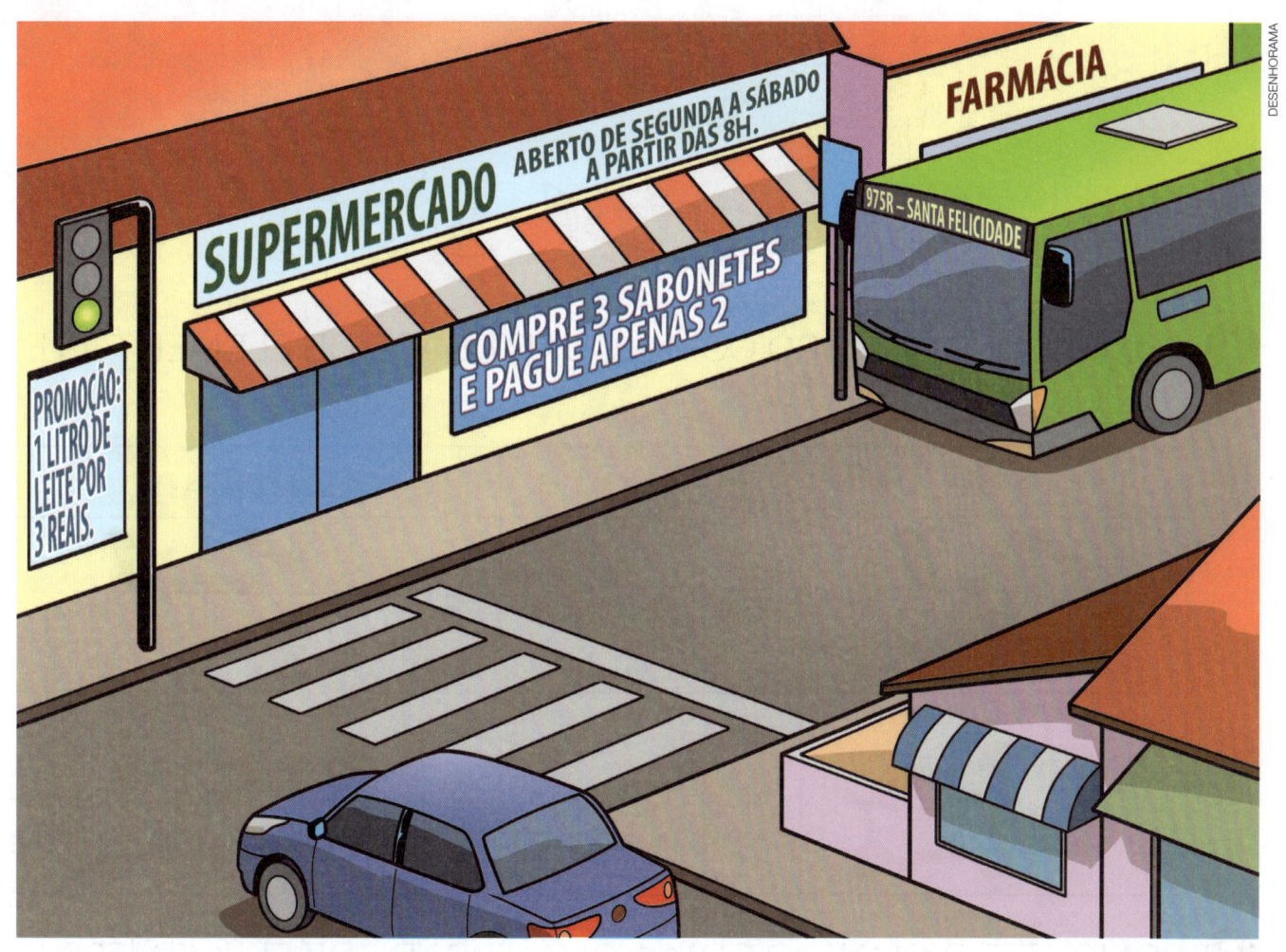

ENCONTRE NELA E CIRCULE:

A) OS NÚMEROS QUE INDICAM QUANTIDADES;

B) O NÚMERO DE UMA LINHA DE ÔNIBUS;

C) O PREÇO DE UM PRODUTO;

D) UMA UNIDADE DE MEDIDA;

E) UMA DATA;

F) UM HORÁRIO.

- AGORA, OBSERVE O SEU TRAJETO ATÉ A ESCOLA. VOCÊ CONSEGUE IDENTIFICAR NÚMEROS E O QUE ELES INDICAM?

3 PINTE UM PEIXE PARA CADA ISCA.

4 COMPLETE O QUADRO COM A QUANTIDADE DE ELEMENTOS E USE OS SINAIS = OU ≠.

QUANTIDADE	= OU ≠	QUANTIDADE
6		5
4		4

5 COMPLETE O QUADRO COM A QUANTIDADE DE ELEMENTOS E USE OS SINAIS < OU >.

QUANTIDADE	< OU >	QUANTIDADE
3		4
8		7

6 COMPLETE A SEQUÊNCIA E ESCREVA EM QUE ORDEM OS NÚMEROS ESTÃO.

- 9 > 8 > ___ > ___ > 5 > ___ > ___ > ___ > ___

7 CUBRA COM UMA LINHA 🔵 O CAMINHO QUE LEVA O RATO ATÉ O QUEIJO E COM UMA LINHA 🟢 O CAMINHO QUE LEVA O RATO ATÉ A TOCA.

AGORA RESPONDA:

A) DE QUE COR VOCÊ TRAÇOU UMA LINHA CURVA? _____

B) E UMA LINHA RETA? _____

8 AS FORMIGAS DESCOBRIRAM ONDE ESTÃO OS DOCES QUE TIA LENITA FEZ. DESENHE UMA LINHA ABERTA PASSANDO PELAS FORMIGAS PARA IDENTIFICAR O CAMINHO ATÉ OS DOCES.

9 OBSERVE A QUANTIDADE REPRESENTADA COM MATERIAL DOURADO E ESCREVA O NÚMERO NO QUADRO CORRESPONDENTE.

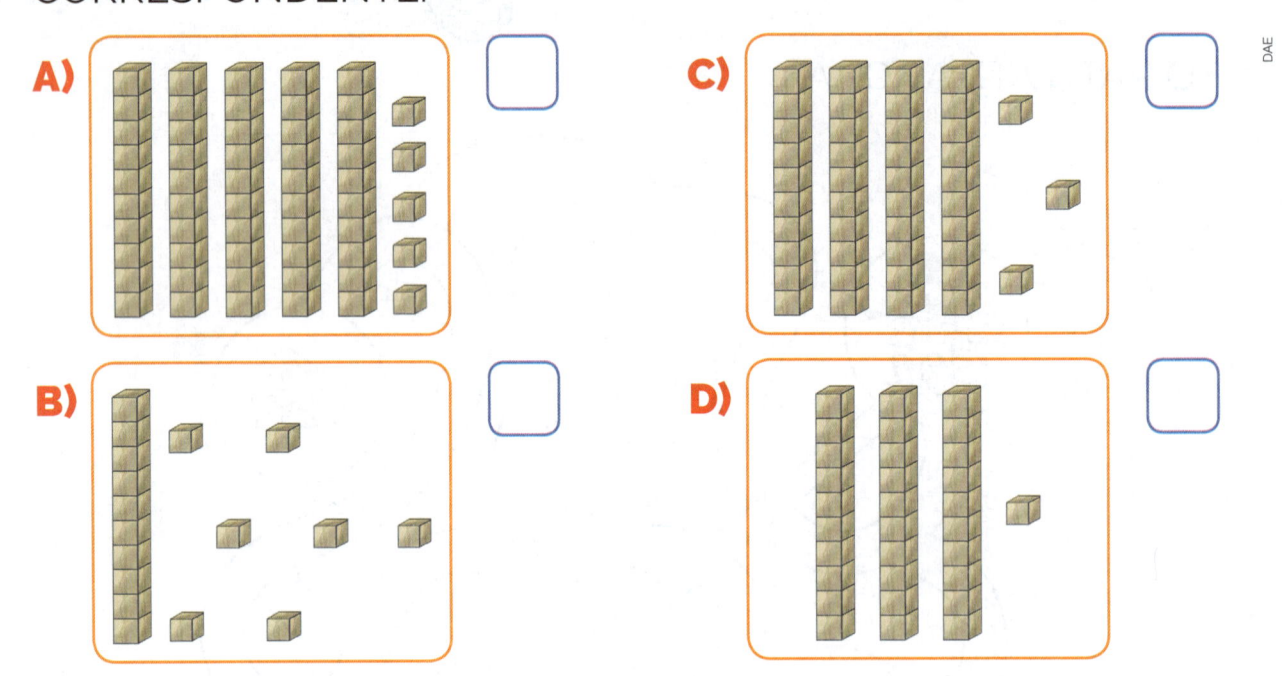

A) ☐

B) ☐

C) ☐

D) ☐

10 VÍTOR FEZ ALGUNS POTES DE GELEIA PARA ATENDER A UMA ENCOMENDA.

ELE VAI FAZER A ENTREGA, MAS PRECISA ENCAIXOTAR OS POTES. OBSERVE A QUANTIDADE DE POTES E CIRCULE-OS DE 10 EM 10.

AGORA RESPONDA:

A) QUANTOS GRUPOS DE 10 POTES VOCÊ CIRCULOU? _____

B) QUANTAS DEZENAS VOCÊ FORMOU? _____

C) QUANTOS POTES SOBRARAM? _____

11 OBSERVE A FILA E RESPONDA ÀS QUESTÕES.

A) QUANTAS PESSOAS HÁ NA FILA?
_____

B) QUAL É A POSIÇÃO NA FILA:

- DO MENINO DE BONÉ VERMELHO?
_____

- DA MENINA DE VESTIDO VERMELHO?
_____

- DO MENINO QUE ESTÁ OUVINDO MÚSICA?
_____

- DA MENINA QUE USA ÓCULOS?
_____

12 PAR OU ÍMPAR? TERMINE DE FORMAR AS SEQUÊNCIAS E DEPOIS COMPLETE AS FRASES.

A) 2 – 4 – ___ – ___ – 10 – ___ – ___ – ___ – ___ – 20

A SEQUÊNCIA QUE VOCÊ COMPLETOU É FORMADA POR NÚMEROS _____.

B) 1 – 3 – ___ – ___ – ___ – 11 – ___ – ___ – ___ – ___ – 21

A SEQUÊNCIA QUE VOCÊ COMPLETOU É FORMADA POR NÚMEROS _____.

13 ESCREVA O NOME DO SÓLIDO GEOMÉTRICO QUE REPRESENTA CADA OBJETO DOS GRUPOS ABAIXO E DESENHE ESSES SÓLIDOS. COMPLETE A QUANTIDADE DE SÓLIDOS QUE APARECE EM CADA GRUPO.

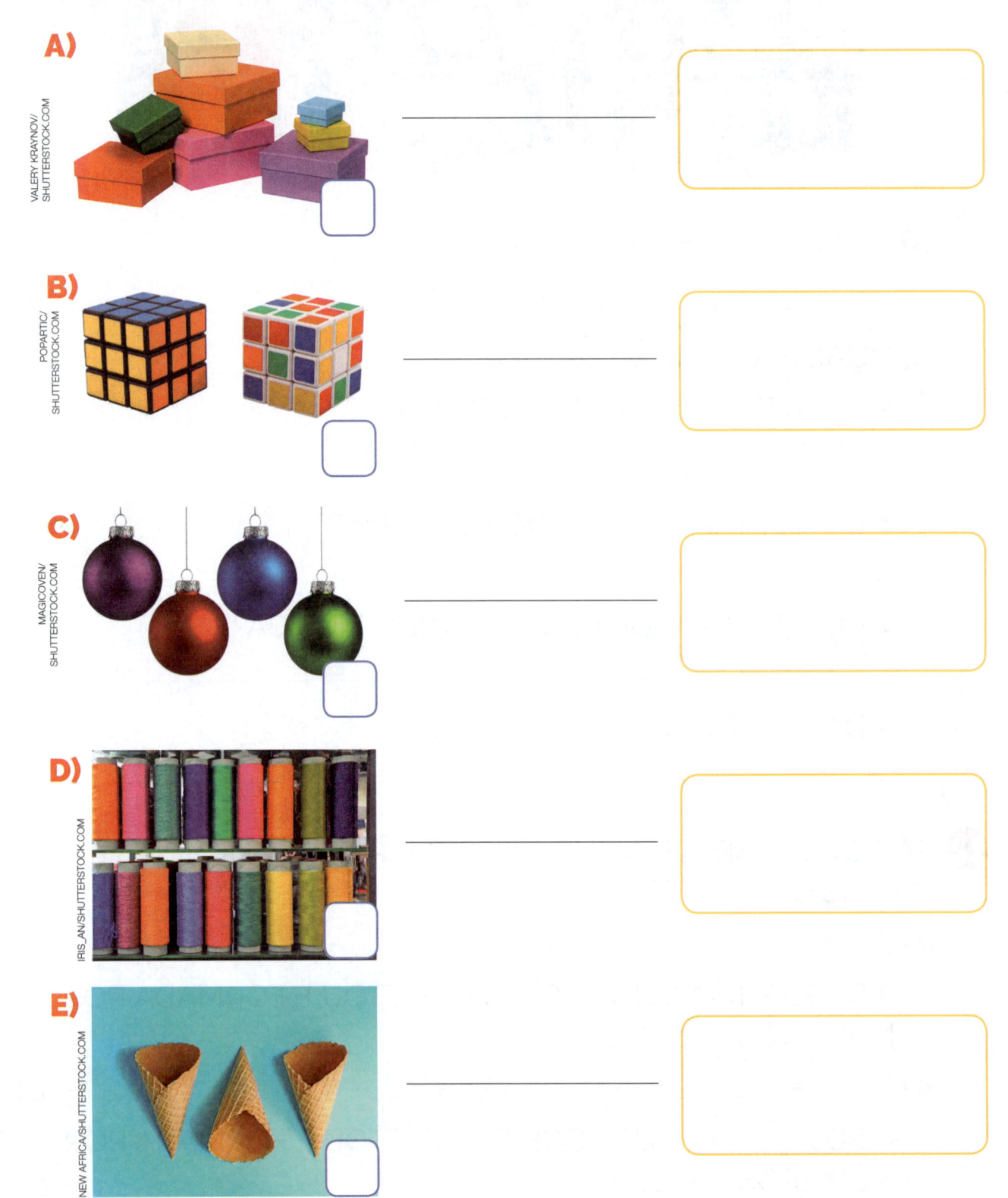

A) _____

B) _____

C) _____

D) _____

E) _____

14 PINTE O DESENHO A SEGUIR DE ACORDO COM A LEGENDA.

- AMARELO
- AZUL
- VERMELHO
- VERDE

15 A GALINHA DÓROTI BOTA MEIA DÚZIA DE OVOS EM UMA SEMANA. EM DUAS SEMANAS, QUANTOS OVOS ELA BOTARÁ?

_____

16 PAULA COLHEU CAQUIS E CRISTINA COLHEU MAÇÃS. VEJA.

A) QUANTAS FRUTAS AS DUAS MENINAS COLHERAM JUNTAS?

_____

B) QUANTAS FRUTAS PAULA COLHEU A MAIS QUE CRISTINA?

_____

17 RODRIGO TEM 14 ANOS. SEU IRMÃO É 3 ANOS MAIS VELHO QUE ELE.
QUANTOS ANOS TEM O IRMÃO DE RODRIGO?

_____

18 LICA PLANTOU 6 SEMENTES. BROTARAM 4 SEMENTES. QUANTAS SEMENTES FALTAM BROTAR?

___

19 DONA ALZIRA É UMA ÓTIMA COSTUREIRA. ELA PRECISA COSTURAR [calças]

ELA JÁ COSTUROU 5 CALÇAS.

QUANTAS CALÇAS FALTAM PARA DONA ALZIRA COSTURAR?

___

20 HELENA GANHOU [4 notas de 10] DE SEU PAI.

SUA TIA LHE DEU MAIS [3 notas de 10].

COM QUANTOS REAIS HELENA FICOU?

___

21 REGINA QUER COMPRAR UM LIVRO QUE CUSTA 20 REAIS. EM SEU COFRINHO, ELA JUNTOU A QUANTIA AO LADO EM MOEDAS DE 1 REAL. QUANTO FALTA PARA REGINA COMPRAR O LIVRO?

22 OBSERVE A CENA.

[Cena: loja de materiais de construção com placas:
- 50 QUILOGRAMAS DE CIMENTO POR 20 REAIS.
- RODAPÉ POR 10 REAIS O METRO.
- AREIA – 2 QUILOGRAMAS – 4 REAIS.
- TINTA – 18 LITROS – 70 REAIS.
- NOVEMBRO 25 QUINTA-FEIRA]

A) CIRCULE DE 🔴 O QUE É VENDIDO EM LITROS.

B) FAÇA UM **X** DE COR 🔵 NO QUE É VENDIDO EM METROS.

C) CIRCULE DE 🟢 O QUE É VENDIDO EM QUILOGRAMAS.

D) ESCREVA O DIA E O MÊS QUE APARECEM NA CENA.

_____

E) ESCREVA TAMBÉM O DIA DA SEMANA.

_____

23 ESCREVA OS DIAS DA SEMANA EM QUE VOCÊ NÃO VEM À ESCOLA.

_____

24 RICARDO E DORINHA ESTÃO BRINCANDO COM AS FICHAS NUMERADAS A SEGUIR.

NO JOGO, CADA UM TIRA UMA FICHA SEM OLHAR. GANHA A RODADA QUEM TIRAR O MAIOR NÚMERO. DEPOIS, ELES DEVOLVEM AS FICHAS RETIRADAS E JOGAM NOVAMENTE.

A) COMPLETE AS FRASES COM:

| CERTAMENTE | POSSÍVEL | IMPOSSÍVEL |

- AO RETIRAR UMA FICHA É _____ QUE SAIA O NÚMERO 3.
- AO RETIRAR UMA FICHA _____ SAIRÁ UM NÚMERO ENTRE 1 E 5.
- AO RETIRAR UMA FICHA É _____ QUE SAIA O NÚMERO 7.

B) AGORA, LEIA A AFIRMAÇÃO DE RICARDO E ASSINALE O QUE VOCÊ ACHA QUE VAI ACONTECER.

NESSA JOGADA VOU TIRAR A FICHA COM O NÚMERO 5.

☐ TALVEZ ACONTEÇA.

☐ ISSO NÃO IRÁ ACONTECER.

☐ ISSO ACONTECERÁ COM CERTEZA.

25 OBSERVE A IMAGEM AO LADO E COMPLETE A TABELA A SEGUIR COM A QUANTIDADE DE ANIMAIS:

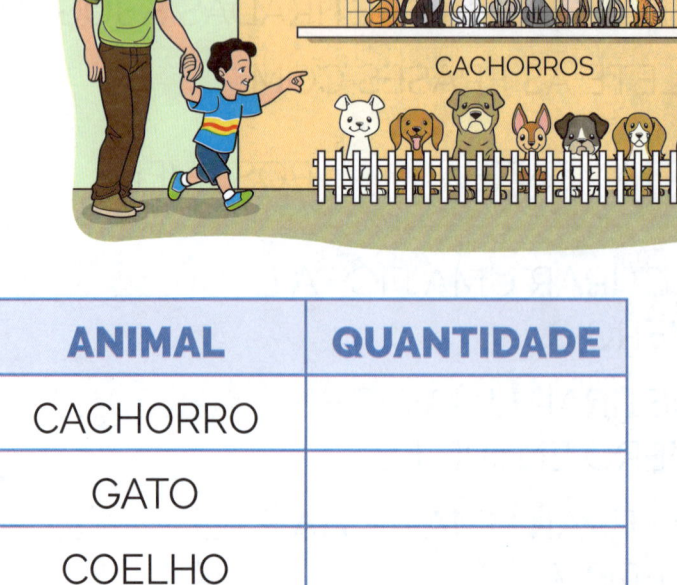

ANIMAL	QUANTIDADE
CACHORRO	
GATO	
COELHO	
HAMSTER	

PINTE NO GRÁFICO ABAIXO UM QUADRINHO PARA CADA ANIMAL.

ANIMAIS PARA ADOÇÃO

QUANTIDADE DE ANIMAIS

CACHORRO GATO COELHO HAMSTER
TIPO DE ANIMAL

FONTE: DADOS COLETADOS COM BASE NA FEIRA DE ADOÇÃO.

QUANTOS ANIMAIS HÁ NA FEIRA DE ADOÇÃO? _____

ENCARTES

RECORTE AS LETRAS E COLE-AS NA PÁGINA 46, NOS LOCAIS CORRESPONDENTES.

C
D
V
L

O
U
S
B

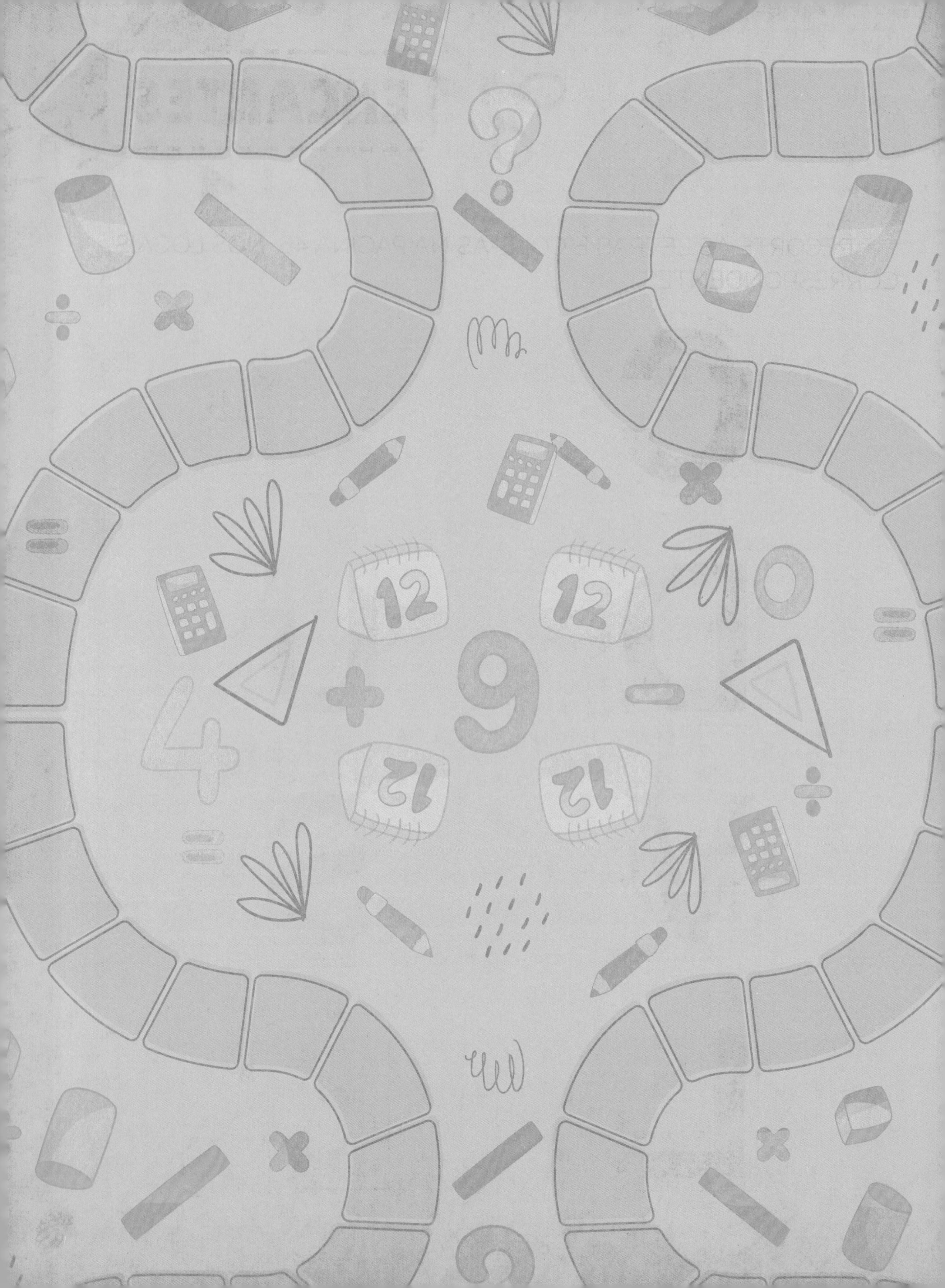

MATERIAL DOURADO

RECORTE AS PEÇAS DO MATERIAL DOURADO E UTILIZE-AS PARA FAZER AS ATIVIDADES DESTE LIVRO.

UNIDADES

DEZENAS

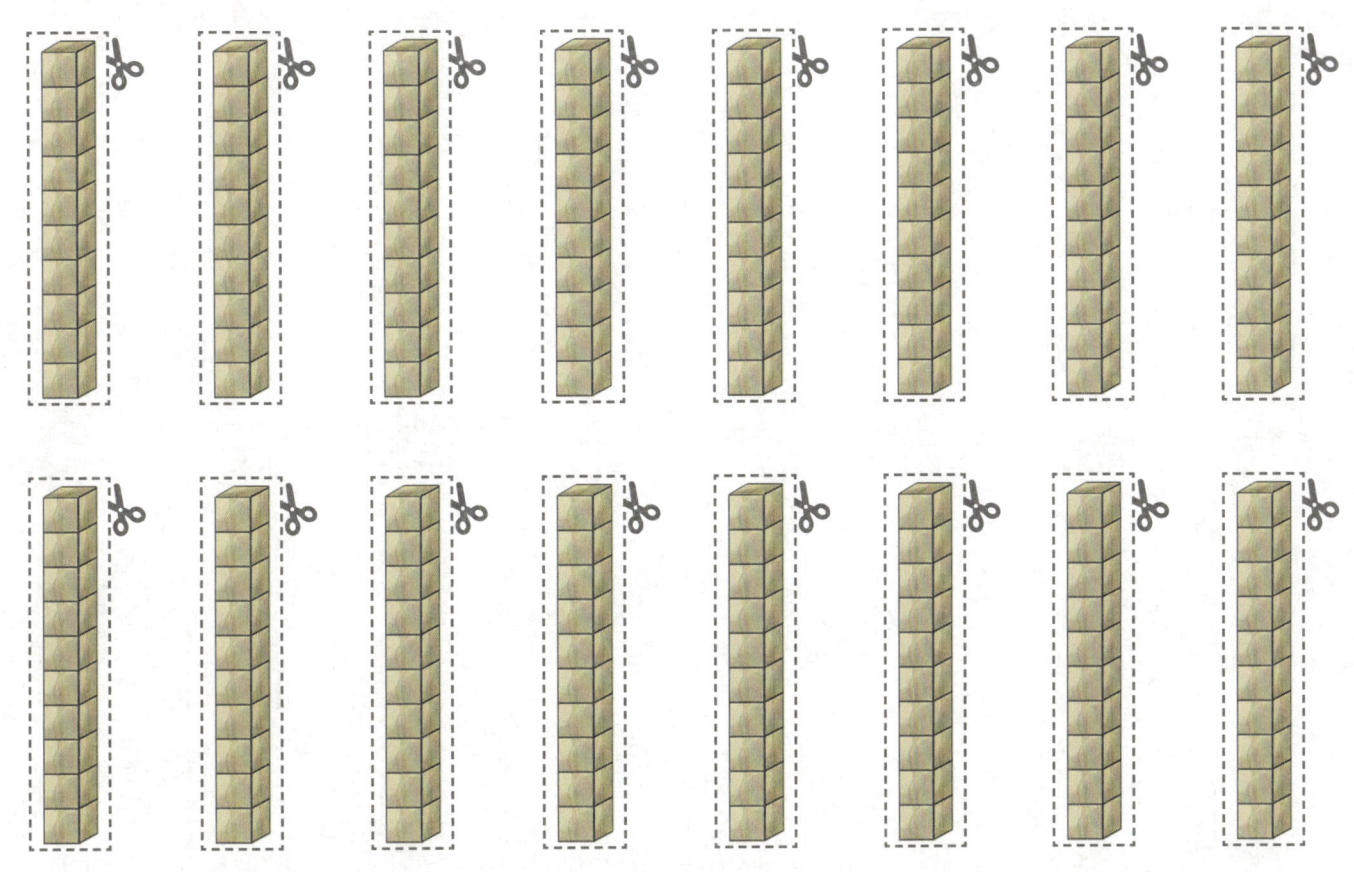

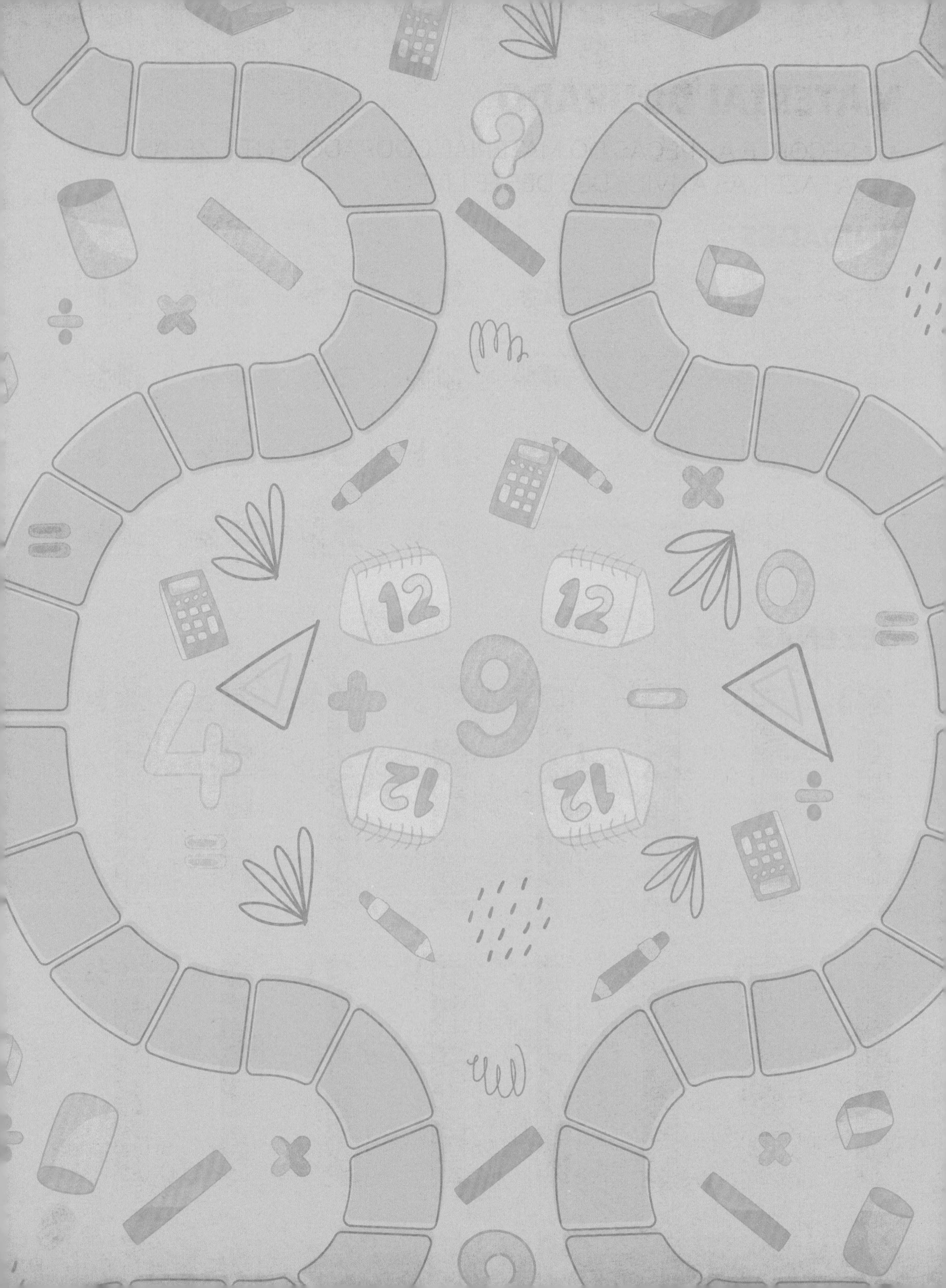

RECORTE AS PEÇAS DO TANGRAM PARA FAZER A ATIVIDADE DA PÁGINA 94.

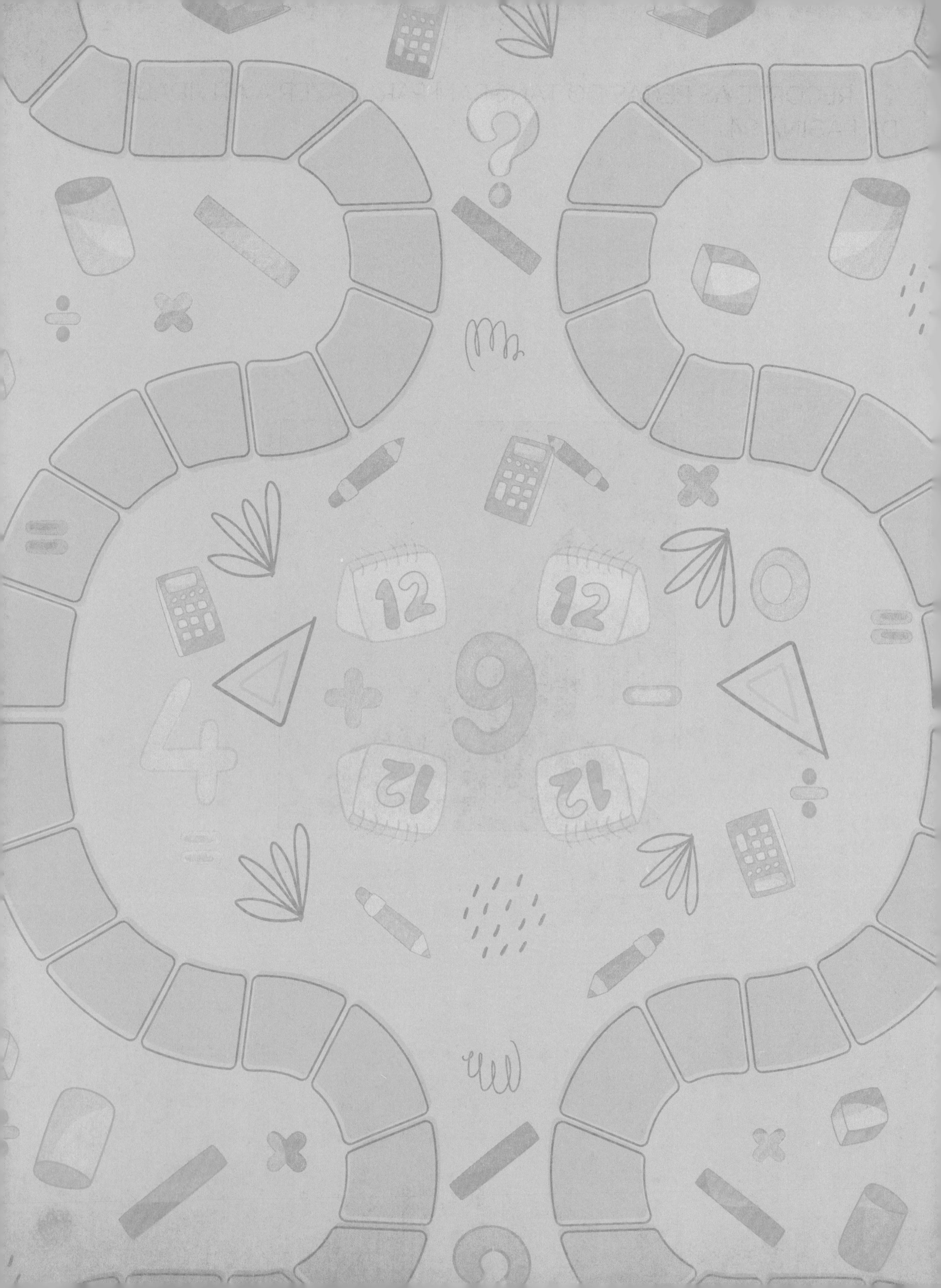

RECORTE AS MOEDAS PARA FAZER AS ATIVIDADES DAS PÁGINAS 115 ATÉ 123.

BANCO CENTRAL DO BRASIL

172

RECORTE AS CÉDULAS PARA FAZER AS ATIVIDADES DAS PÁGINAS 115 ATÉ 123.

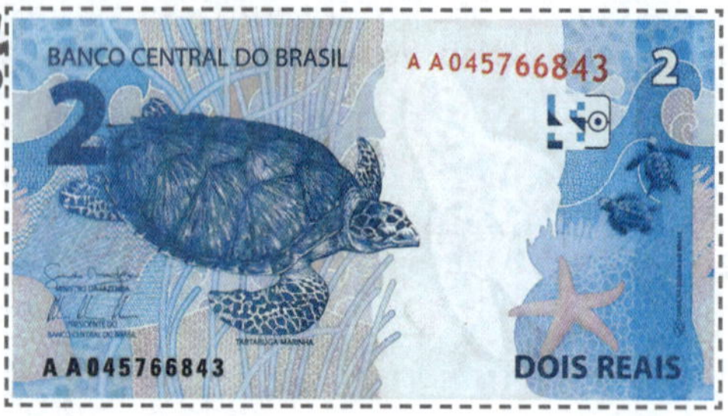

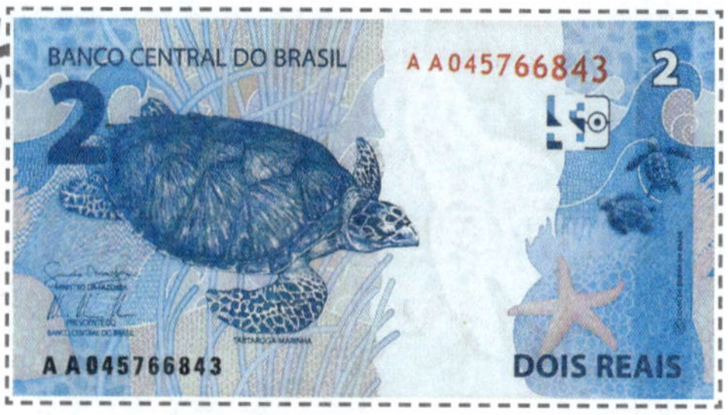

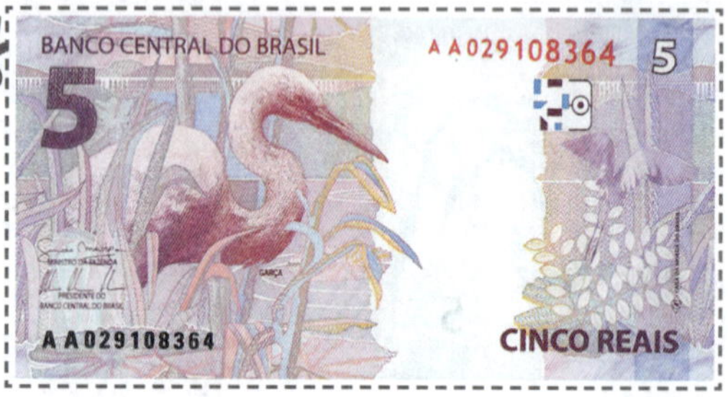

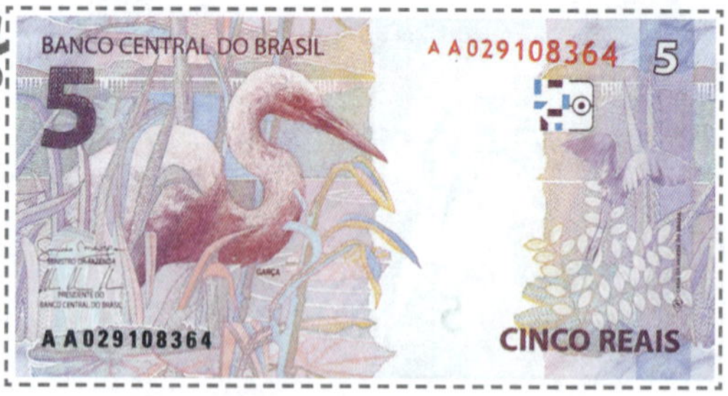

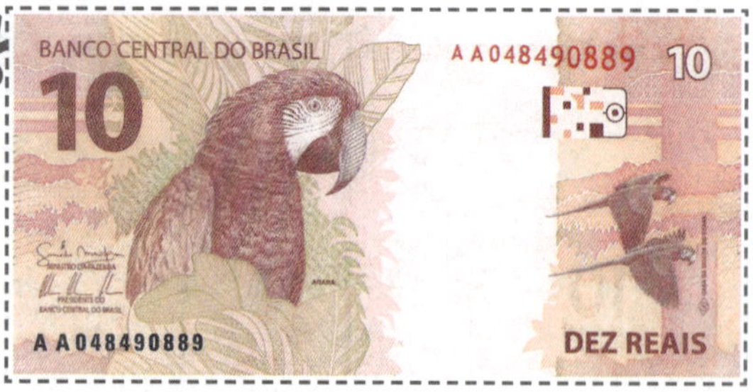

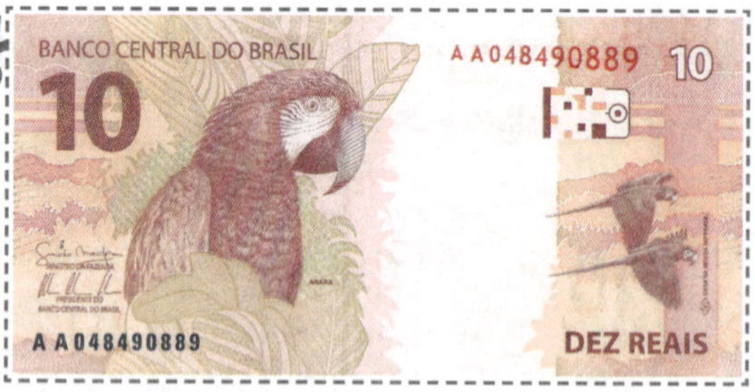

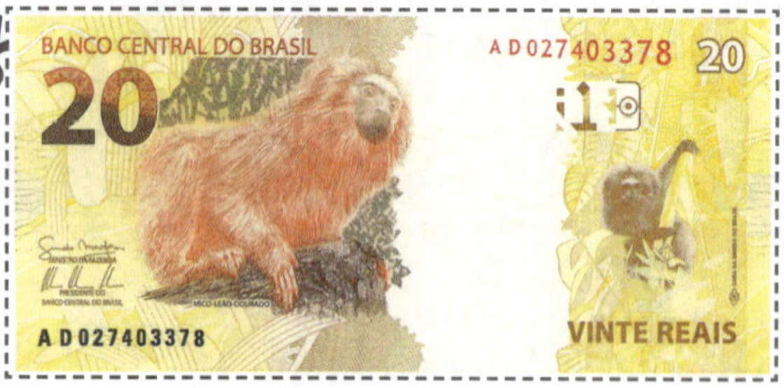

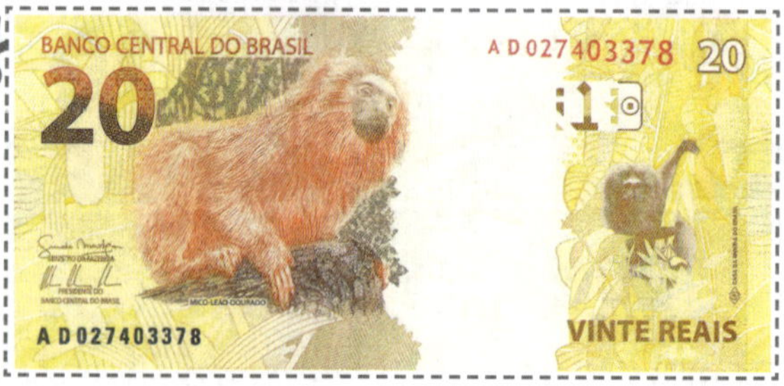

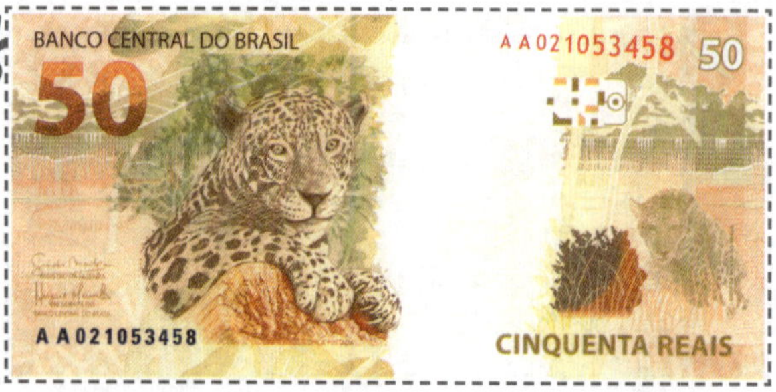

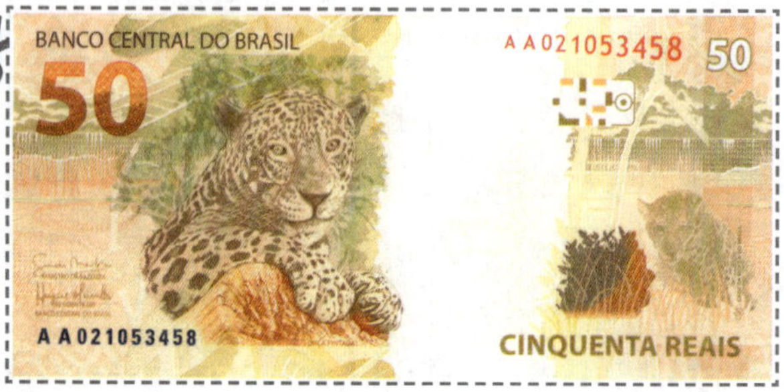

BANCO CENTRAL DO BRASIL

RECORTE AS FIGURINHAS PARA FAZER AS ATIVIDADES DA PÁGINA 142.

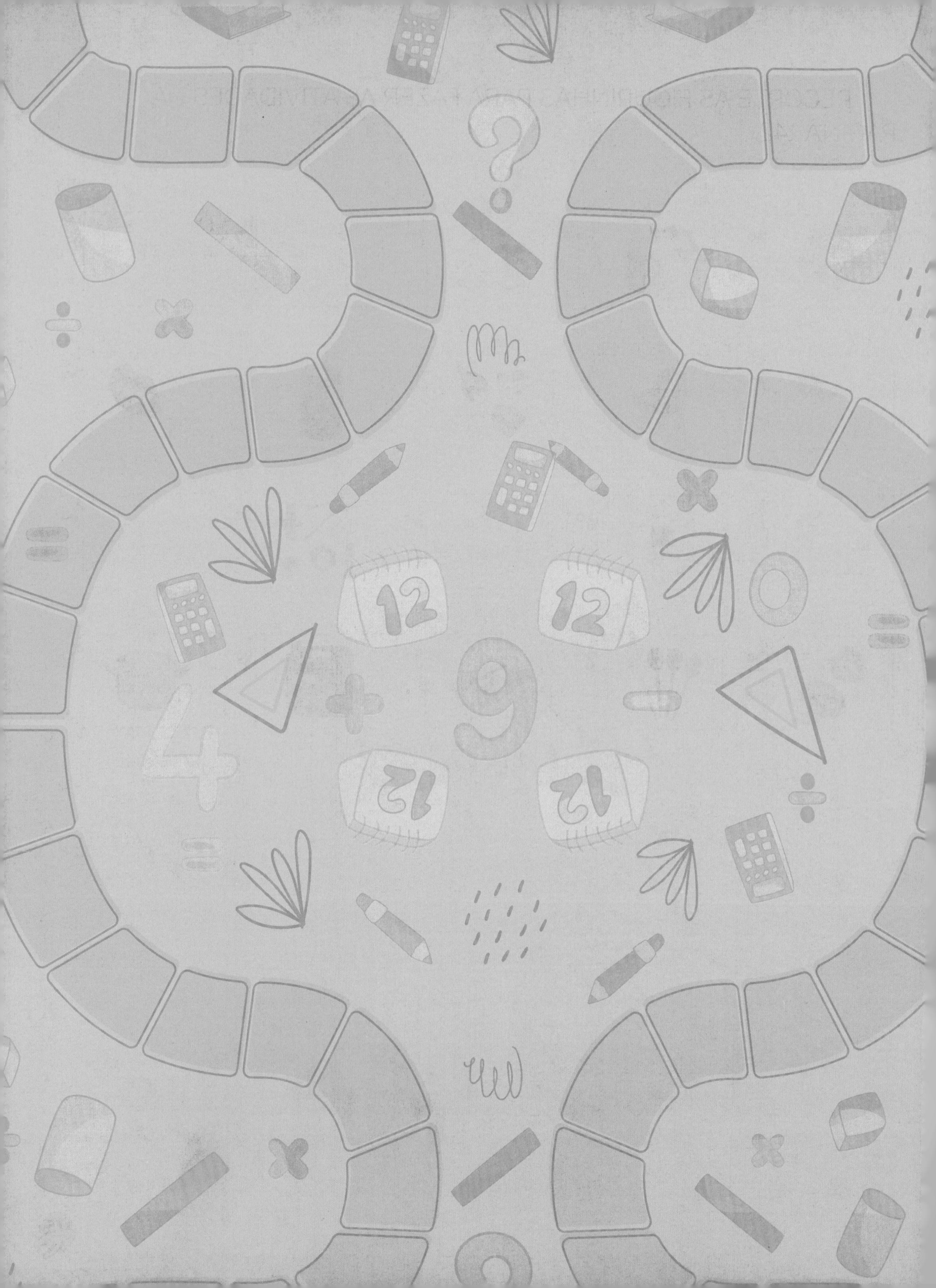